前
220年

帝國與世界史的誕生

歷史的轉換期 I

B.C. 220年
帝国と世界史の誕生

Turning Points in World History

南川高志
MINAMIKAWA TAKASHI
｜編｜

宮崎麻子、藤井崇、宮宅潔——著
郭清華——譯

內文左方註釋均為譯者註，特此說明。

出版緣起

在空間的互動中解讀歷史，在歷史的纏繞中認識世界

中研院近史所助研究員、系列選書顧問　陳建守

歷史是什麼？來自過去的聲音？人類經驗的傳承？還是帝王將相的生命史？個人有記憶，所以人類也有集體記憶。表面上這些記憶是由事件及人物所組成，更往下分疏縷析，則風俗、習慣、語言、種族、性別等，無一不在背後扮演重要的角色。而由這些基點延展開來的歷史研究，則有社會史、文化史、宗教史、性別史、思想史等不一而足的研究取徑。正因為人類無法忘卻過去的一鱗半爪，我們才有了「歷史」（history）。

上個世紀六〇年代英國著名史家卡爾（E. H. Carr）推出的《何謂歷史？》（*What is History?*）迄今剛好屆滿一甲子。卡爾當年「何謂歷史？」的鏗鏘命題，不僅是歷史學者在其漫長的從業生涯中無法迴避的提問與質疑，直至今日，我們仍與之不斷地進行對話。然而六十年過去了，我們現在對「何謂歷史？」這個問題提出的解答，與卡爾提供的答案已經有很大的不同，唯一相同的是「歷史是過去與現在永無止盡的對話」。雖然隨著討論的課題與人們討論方式的改易，對話的本質可能

已經改變，但這樣的對話至今仍不斷地在進行。

與卡爾當年身處的情境不同，現今歷史學研究的興趣從探究因果關係轉向對意義的追尋，由解釋轉向理解。近年來更出現兩項重大的轉向：第一，在過去十年，以全球史為名的出版品有逐漸增加的趨勢，相關研究書文不斷地出現在各大期刊的篇目當中。基於全球史取徑的興起，觀看歷史的視角也從歷時性轉為空間的共時性（from time to space/place）。第二，大眾史學的出現，歷史做為大眾文化與市民生活的元素，與民眾日常切身相關的歷史研究蔚為風潮，也培養出一群重視在地連結與歷史感的閱讀大眾。

全球史取徑的意義在於打破單一的國族和語言，展現跨地區的相遇（encounter）和連結，同時也直接挑戰了預設地理疆界的「方法論國族主義」。將研究對象置於全球視野之下，一方面可以解構所謂的「歐洲中心化」概念，另一方面則可以指出一個歷史交纏打造的世界。全球視野下的歷史研究跳脫了歐洲中心普世論與國族主義特殊論的二元對立，將視角置於區域發展的自身脈絡以及整體歷史變遷上。至於大眾史學，強調的則是「歷史感」的課題，意圖帶領讀者感受歷史影響我們生活的諸般方式；透過瞭解與參與歷史，我們終將更加了解自己與身處的世界。

呈現在讀者眼前的這套「歷史的轉換期」叢書，就是從這兩大面向切入，編輯而成的套書。整套叢書共計十一冊，是臺灣商務印書館繼二〇一七年推出「中國・歷史的長河」系列套書後的又一鉅作，目的是提供臺灣讀者不同觀點的世界史。其中挑選我們熟知歷史大敘事中的關鍵年分，將之視為探索的起點，卻不囿於時空的限制，而是以一種跨地域的比較視野，進行橫切式的歷史敘事。

過往的世界史往往是各國按照年代時間序列組合而成的宏大敘事，全球史的敘事則是要將時空的框架重組，既有縱向的時代變遷，又有橫向的全球聯繫。這正與當前一〇八歷史課綱所提出的理念不謀而合，亦即注重空間（區域）的歷史思考，非常適合做為第一線中學教師補充一〇八歷史課綱的知識點。特別值得一提的是，這套叢書採取與日本同步的翻譯速度，希望能夠在最短的時間內，將最新的研究成果推送到臺灣讀者手中。

歷史學的地貌會改變，新的歷史斷層地圖也會隨之產生。讀者可以發現，專業歷史知識生產已然轉變，大一統的歷史書寫文化業已瓦解。「歷史是過去與現在永無止盡的對話」，自從卡爾為歷史下此定義之後，過去與現在之間彷若有了一條光亮的通道。而這套「歷史的轉換期」叢書，正是另一道引人思索的靈光乍現。

導讀

帝國與世界史的誕生

成功大學歷史學系教授　翁嘉聲

《帝國與世界史的誕生》是由四位傑出的日本學者探討帝國與世界史的誕生，這關鍵之年發生在西元前二二〇年。在西方是羅馬帝國，在東方是秦帝國；在比重上羅馬分配到三章，秦帝國一章。第一章討論羅馬如何統一西地中海，集中在羅馬與迦太基爭雄，如何征服伊比利半島。第二章則是地中海希臘東方，這裡有亞歷山大過世後、由「繼業者」（diadochi）所建立的三大希臘化王國；重點在羅馬如何擊敗馬其頓及敘利亞王國，統一整個地中海。羅馬帝國的世界是環地中海及其周邊腹地的世界，所以第三章討論羅馬如何治理帝國。以伊比利、高盧及不列顛為例，作者強調帝國治理是因地制宜，而羅馬化進程在這三個地方各有其特色。第四章則集中討論秦帝國。就我所能判斷，《帝國與世界史的誕生》是在臺灣日文翻譯的相關出版中，資料上較為準確、論述上相對完整合理的作品，十分值得推薦。以下導讀將集中在羅馬帝國部分，希望提供讀者一個更大的架構，來協助閱讀本書。

§

羅馬史有幾個大家耳熟能詳的年分。西元前七五三年羅馬建國，開始王政時期；前五〇九年羅馬人建立共和，而前二七年則是帝國時期。這些都是以統治者的憲政地位為根據而做的斷代，但不一定符合其它更重要的歷史事實。近期出現一些採用不同斷代年分的羅馬史敘事，例如哈佛大學新出版的Profile Books古代史系列，自西元前九百多年羅馬出現聚落，到統一義大利、準備跨海與西地中海強權迦太基爭霸的前二六四年；這段時間羅馬完成內部改革及階級整合，以「義大利聯盟」統一半島所有國家，讓臣服盟邦加入羅馬領導，建立起能動員前所未見龐大資源的機制，一起承擔、分享擴張事業。這是完整的歷史時段。而從前二六四年第一次布匿戰爭爆發開始，這累積的能量旋風式地從西到東擴散至整個地中海及周邊腹地，直到哈德良皇帝（西元一一七～一三八年在位）立下明確國界（尤以北英格蘭哈德良城牆最具象徵性），不再進行擴張。這是帝國時期。羅馬帝國是當時帝國所有子民所認為的已知「人居世界」（oikoumene），而這環地中海的人居世界也是文明世界。即使在人居世界更外圈的地方住著其他族群或國家，但他們是野蠻人，不在文明之列。世界史因此是發生在帝國疆域內的歷史。

回到這本書的脈絡。同樣採用與以往不同的斷代年分，首先洞悉出羅馬迅速擴張、即將統整人居世界的是希臘化史家波利比烏斯（Polybius of Megalopolis，前二〇〇～一一八年）。他認為在西元前二二〇年前後，環地中海的五大政治體——羅馬義大利、迦太基、馬其頓、敘利亞、埃及——逐漸「纏結」（symploke）一起，成為彼此互相牽動的整體，最後在前一六七年由羅馬完成統整，主導世界史的開展。波利比烏斯本人是反抗馬其頓王國統治的亞該亞聯盟領導人之一，熟悉希臘政治運作。他在前一六七至一五〇年期間因故成為羅馬人質，但有機會結識當時羅馬兩大權貴氏族的繼承人，因此能就近觀察羅馬政治運作，站在高點來觀察、反思羅馬擴張的意義。首先，他認為羅馬能完成統一，須歸功於它那兼具王政、貴族及民主政治的混合及平衡政體，宛如一個人有完美且平衡的靈魂。其成果便是在西元前二二〇到一六七年的五十三年期間開創出的世界史。這場世界史的形成是人類歷史最大奇觀（thaumasia），而他身為古典史學大家，便是要記錄這過程，不被世人遺忘。

這「纏結」發生的前二二〇年前後數年，地中海發生了幾件大事。首先，羅馬與以北非及西班牙為根據地的迦太基爆發了第二次布匿戰爭（前二一八～二〇二年）。稍早在東地中海，三大希臘化王國陸續由年輕國王繼位，野心勃勃的馬其頓腓力五世及敘利亞的安條克三世除了各自鞏固疆土積極擴張外，還計劃聯手瓜分幼主即位的埃及。在第二次布匿戰爭期間，腓力五世與迦太基的漢尼拔簽訂密約，聯手對付羅馬，導致羅馬發動第一次馬其頓戰爭（前二一五～二〇四年）。前二二〇年左右，地中海東西兩地區的歷史首度連結在一起，波利比烏斯認為這是已知人居世界開始成為互相牽連整體的起點。當時在調停希臘同盟者戰爭（Social War）的前二一七年會議中，已經有人提醒希臘各交戰國須立即停止內戰，要注意飄自西方的烏雲，因為無論最後是羅馬或迦太基勝出，這片烏雲終將籠罩全希臘，甚至剝奪希臘人自己宣戰媾和的權利。果然在前二〇二年第二次布匿戰爭結束後，羅馬為了報復腓力五世的勾結行為，便旋即發動第二次馬其頓戰爭（前二〇〇～一九七年），擊敗馬其頓，並於次年在柯林斯附近宣布希臘自由，拉攏希臘人心。另方面，安條克三世將勢力擴張至歐洲色雷斯，引起小亞細亞希臘國家恐慌，包加曼王國和羅德島共和國慫恿羅馬干預，導致羅馬人在前一八九年以解放者之姿進軍亞洲，擊敗並迫使安條克退出小亞細亞。希臘人為了短期政治效益而邀請羅馬，引狼入室，結果羅馬在第三次馬其頓戰爭（前一七〇～一六七年）消滅馬其頓後，希臘化世界裡已無任何可能威脅或制衡羅馬的國家，羅馬於是開始要求所有希臘人絕對服從，否則立即懲罰。

舉例來說，羅德島出面調停戰爭就被認定為投機，隨即剝奪其領土及貿易利益；波利比烏斯等千人則被懷疑不忠，遣送至義大利充當人質。敘利亞安條克四世於前一六七年入侵埃及，羅馬因戰事無暇分身，但只需派出三位使節在國王周圍劃個圓圈，命令他在踏出圈外前要答應撤軍，便能完成保全埃及的任務。包加曼在前一五六年時對於是否要剿滅有如盜匪的加拉太人裹足不前，擔心獲勝會引起羅馬更多猜忌；但若失利，羅馬非但不會出手相助，反而將責怪、嘲笑他們。貴為小亞細亞強國的包加曼，連在邊境剿匪問題上都得事先徵詢羅馬，以絕後患。一般認為，帝國主義需有加害人及受害人；但如果已經有受害人，那何須懷疑羅馬此時是否已在執行帝國主義？這無關設省與否。羅馬帝國的威權在前一六七年時已讓地中海各地自動懾服。

波利比烏斯在他的鉅作中，原本以歡欣鼓舞之情來看待這世界史奇觀，但隨著歷史發展，他在史書中的語氣變得越來越低抑、懷疑。羅馬人發動第三次布匿戰爭（前一四九～一四六年），抹除迦太基任何歷史痕跡，並在同一時間擊潰希臘僅存的政治勢力亞該亞同盟，屠城柯林斯殺雞儆猴。

這讓恰好五十年前羅馬在柯林斯附近宣布希臘自由、獨立自主一事變得十分反諷。到了最後，波利比烏斯只能協助緩和羅馬人對自己希臘同胞的憤怒，以降低羅馬統治帶來的衝擊。

§

羅馬征服各地之後，如何治理是個複雜的歷史問題。如果我們以羅馬為中心來看整個帝國，認為帝國設省（provincia）派任總督治理，那很容易將帝國行省視為鐵板一塊。但如米拉教授（Fergus Millar）認為，帝國是由許多行省組成，各自擁有不同的政治傳統，而羅馬除了有效徵兵及收稅外，彈性及因地制宜是行省治理的基本原則。因此，羅馬在城邦制度盛行的希臘世界，善用發達的城邦為地方治理單位，並由在地議員階級（curial class）來經營地方，為帝國效命。至於有數千年悠久統治傳統的埃及，幾乎沒有城市存在，則利用村落組織及書記官僚來收稅徵兵。

《帝國與世界史的誕生》兩位羅馬史學者分別以伊比利、高盧及不列顛三地為例，詳細分析羅馬帝國的在地運作以及羅馬化的問題。宮崎麻子教授在伊比利部分強調羅馬超過兩百年的在地征戰經驗，陸續在半島散漫的部落組織中安插許多以羅馬退役老兵為主的殖民地，最後讓半島成為羅馬化最成熟的地區之一，在帝國初期的元老出身地中僅次於義大利本島，甚至出了一位皇帝圖拉真。南川高志教授則說明羅馬治理高盧是利用凱爾特民族稱為「oppidum」的既有城鎮，發展為羅馬形式的城市來治理地方，並利用帝國的宗教祭祀來整合行省。他另舉不列顛為例，該地屬於戰區，至少有三個兵團駐守，兵團駐紮地因此發展為城市，其它地方則是機能健全的莊園，但整體羅馬化最為薄弱，也是帝國在五世紀崩潰前最先撤守的地區。兩位教授對這些行省個別的描述，讓人更清楚羅馬治理帝國時採取的因地制宜政策，以及各具特色的羅馬化具體進程。

羅馬派任的總督時常執政官或法務官卸任後延任（prorogatio），任期有限，幕僚人手甚少，故極度依賴在地精英分子的協助。羅馬則投桃報李，保護這些為羅馬效勞的在地權貴社會地位。這是出自必須、不得不然的結果？還是羅馬的政治決定？我想兩者皆有，但更多是出自羅馬的政治智慧。羅馬始終維持原來城邦的格局，尊重地方特色，並逐漸在各地行省發展羅馬式的城市，這是最佳的選擇。

因此，羅馬帝國的世界是城邦的世界，在行政組織上極為扁平、簡單，也一直被認為是歷史上經營成本最低、使用官僚人數最少，但也相對有效率的帝國。這或許是因為在帝國建立過程中，經歷了那些無可避免的殺戮、鎮壓後，羅馬知道最終仍須尊重及回歸各地傳統，邀請臣服的在地精英一起統治地方，並鼓勵他們將帝國的利益視為自身的利益，成為「願意的子民」（willing subjects）為帝國經營治理地方，而羅馬則保證他們的社會地位及榮華富貴。這些地方精英與羅馬統治階級因此成為生命及利益共同體。羅馬將共和時期統一義大利的寶貴政治經驗，運用到廣大帝國的治理上。

西元二世紀第二辯士運動（the Second Sophistic）中的演說家亞里士泰得斯（Publius Aelius Aristides，約西元一一七～一八一年），在《論統治權力》（*On Ruling Power*）演說詞中表示：戰爭因為羅馬彷彿是遙遠的傳說，而帝國如同城邦的聯盟。雖然這段話常被嘲笑，但整個帝國彷彿是由許多地方精英治理的城邦所組成，聽從羅馬指令來執行任務，我認為是合理、但高度理想化的圖像。我們可以想像，整個帝國或人居世界是由星羅棋布的城邦所構成，這可比喻成許多構造簡單、功能有限的地方電腦，由羅馬從政治智慧演化出的統治技術軟體加以串連整合，並以羅馬法律建立運作規則，形成網路系統，最後由羅馬下達指令，進行同步平行運算，用簡單的方法及機制來解決複雜的問題，治理帝國。這不像有複雜科層組織的傳統帝國，中央彷彿是台強大的主機，由上而下主導帝國運作。羅馬帝國各地因此可以承受羅馬中央改朝換代，但仍享有約兩個半世紀的羅馬和平（*Pax Romana*）及繁榮，鮮有中斷。

如果波利比烏斯認為西元前二二〇年前後地中海的「纏結」是世界史誕生的時刻，因此書寫他的風雨名山之作，那麼在遙遠東方的秦國與羅馬幾乎在同時建立另個帝國，開創另個世界史，就需要站在更高點的史學家來書寫更大的世界史了。《帝國與世界史的誕生》並未直接回答這兩個世界史何以同時發生，以及兩者是否發生「纏結」來串連、牽動這兩個世界，建立起更廣大的世界史。秦國與羅馬不同，在政府治理上力採中央集權，如我所言，宛如一部有極強處理器及記憶體的超級電腦架構，亦是可觀的成就。然而，一旦這樣的中央崩潰或改朝換代，接下來的世界將十分動亂，變得無法預測。或許，羅馬帝國和秦帝國恰恰提供了我們兩種不同帝國組織運作的典範，以及兩種世界史的面貌。

寫在前頭

今日，諸如「全球史」等從廣闊視野出發、多面向思考世界歷史的史學日益盛行，我們希望能夠立足於最新的學術知識，針對各個時期的「世界」，提供一種新的剖析方式——本叢書就是依循這樣的思維而開展的企畫。我們列舉了堪稱世界歷史重大轉換期的年代，探討該年代各地區的人們過著怎樣的生活、又是如何感受著社會的變遷，將重點放在世界史的共時性來思考這些問題。此即本叢書的核心主旨。

從全球視野來嘗試描繪世界史的樣貌，在今天已經不是什麼稀奇的事，可以說本叢書也是歷史學界在這方面集結努力的其中一環。既然如此，那在這當中，本叢書的目標及特色又是什麼呢？在這篇〈寫在前頭〉中，我們將從幾個面向來試著敘述。

首先要討論的是「轉換期」＊一詞代表的意義。若從現在這個時間點回顧過去，每一個時期在「轉換」上的方向性，看起來都會是十分明確的；雖然因為地區不同，而有或早或晚的時間差異及個別的特色，但歷史應該還是會往一定的方向發展吧……？然而，這樣的看法卻很容易讓後來時代的人們在回顧歷史時，陷入認知上的陷阱。對於熟知後來歷史動向的我們而言，歷史的軌跡自然是

＊ 配合各冊敘述需要，會斟酌譯成轉換期、轉捩點、轉換關鍵等詞。

「只會朝這個方向前進」;既然如此,那如果「不從今天來回顧當時的社會」,而是嘗試「站在當時社會的立場來看未來」,情況又會變得如何呢?今天的我們,若是論起預測數十年後或數百年後的世界,應該沒什麼人有自信吧!這點對過去的人們來說,也是一樣的。綜觀當時世界各地人們的生活便會發現,儘管他(她)們深切感受到「世界正在經歷重大變化」,卻又無法預測這股推著自己前進的潮流將通往何處,因此只能在不安與希望當中,做出每一天的選擇。將這種各地區人們的具體經驗相互積累、結合後,歷史上的各個「轉換期」,便會在我們面前呈現出一副比起從今日視點出發、整齊劃一的歷史更加複雜,也更加活潑生動的姿態。

第二是世界史的「共時性」。本叢書的每一冊,都以一個特定的西元年分做為標題。對於這種作法,讀者理所當然會湧現疑問:儘管在這一年的前後數十年甚至數百年間,世界各地呈現了巨大變化,某種程度上也可看出一定的關聯性,但這樣的轉變會是在特定的某一年一口氣突然爆發出來的嗎?就算有好幾個地區同時產生了重大變革,其他地區也不見得就有變革吧?特別是,姑且不論日益全球化的十九、二十世紀,針對古代和中世紀世界史的「共時性」(synchronicity)進行推論,真的有意義嗎?當然,本叢書的編者與作者並不是要強硬主張所謂「嚴密的共時性」,也不是要對每一冊各章的對象僅就該特定年分的狀況加以論述。不僅如此,諸如世界史上的「交流」與「衝突」這類跨地域的變遷,以及在這之中肩負起重要任務的那些人,我們也不特別著墨;畢竟至少在十八世紀以前,絕大多數的人們對於自己生活的地區與國家之外發生了什麼事,幾乎是一無所知。而本叢書的許多章節裡,就是以這樣的普通人為主角。儘管如此,聚焦在特定年分、以此眺望世界各地狀況的作法，仍有其一定的意義——它開創了某種可能性，也就是不以零星四散的方式，而是透過宏觀的視野，針對當時各地區人們直接面對的問題，及其對應方式的多樣性與共通性進行分析。像是大範圍的氣候變遷與疫病，各個地區在同一時期，也可能直接面對「同樣的」問題。不只如此，也有像資訊與技術的傳播、商品的流動等，有著時間差而對世界各地產生影響的現象存在。然而，儘管問題十分類似，各地區的對應方式卻不相同；甚至也有因某些地區的對應，導致相鄰地區做出截然不同的對應態度。此外，面對類似的狀況，某些地區的既有體系因此產生了重大的動搖，但其他地區卻幾乎不受影響，這樣的情形也是存在的。當我們看到這種迥異的應對方式，從而思考為何會這樣的時候，便會對各個社會的特質產生更深一層的理解。儘管將生活在遙遠分離的地區、彼此互不相識的人們稱為「同時代人」，似乎不是件普通的事，但他（她）們確實是生活在同一時間、同一個「當代」（contemporary）的人們；我們所做的，就是讓讀者試著感受箇中的醍醐味。

第三個問題是，「世界史」究竟是什麼？今日，打著「全球史」名號的著作多不勝數；儘管它們都有著超越「國史」框架的共通點，採用的方法卻林林總總、不一而足。有的將氣候變遷、環境與疫病等自然科學方法納入研究取徑，來處理大範圍的歷史；有的利用比較史或系統論方法，將重點放在亞洲，對歐洲中心主義進行批判；此外，還有運用多語言史料的海域交流史，這種有時也被叫做「全球史」。雖然本叢書秉持「世界史的視野」，卻未必會使用「全球史」一詞，而是讓各位作者按照自己的方法執筆，在選擇探討對象上也抱持著開放態度。雖然稱為世界史，但本叢書並未採取將某個年代的世界分成好幾塊、然後對各塊分別撰寫概述的作法，而是在狹窄的範圍內，盡可能提供鮮明生動的實例。因此在每一冊中，我們並不見得徹底網羅了那個年代的「世界」樣貌。乍看之下，這樣的做法或許會讓人覺得是好幾個零星主題胡亂湊在一起，然而，我們也請作者在執筆時不將各冊各章的對象框限在一國或一地區之中，而是以面向世界的開放脈絡來處理它們。「世界」並不是像馬賽克一般集結拼湊，而是像漣漪一般，以具體事例為中心，不斷往外擴散又彼此重合；描繪出這些漣漪彼此碰撞接觸的軌跡，就是本叢書的特色。「世界史」並不是一大堆國別史綁在一起的集合物，也不是事先就預設出一個所謂「世界」這樣的單一框架；相反地，我們認為它是紮根於各個地區的觀點彼此碰撞、對話，而展現出的活潑鮮明姿態。

透過以上三點，我們簡略陳述了本叢書的概念。歷史的宏觀脈動，是上至大政治家和學者，下至庶民，由各個階層的人們共同摸索與選擇所形成的。本叢書的視野雖是全球性的，但並非從超越個別眾人經驗的制高點來鳥瞰世界史的全貌，而是試著從廣泛的、同時代的視野，去比較、檢討那些跟今天的我們一樣，面對不可預測的未來不斷做出選擇的各時代人們的思考和行動方式，從而以這樣的視角，對世界史上的「轉換期」加以重新思考，這就是我們關心的所在。透過這種嘗試，本叢書希望能將歷史發展中宏觀、微觀視角的交錯，以及橫向、縱向伸展的有趣之處，介紹給各位讀者。

本叢書的各冊構成如下：

第1冊　前二二〇年　帝國與世界史的誕生
第2冊　三七八年　崩解的古代帝國秩序
第3冊　七五〇年　普遍世界的鼎立
第4冊　一一八七年　巨大信仰圈的出現
第5冊　一三四八年　氣候不順與生存危機
第6冊　一五七一年　白銀大流通與國家整合
第7冊　一六八三年　近世世界的變貌
第8冊　一七八九年　追求自由的時代
第9冊　一八六一年　改革與試煉的時代
第10冊　一九〇五年　革命的浪潮與團結的夢想
第11冊　一九一八年　邁向現代的摸索

各冊除了每一章的主要敘述外，還收錄了簡短的補充說明「專欄」，開頭也編入概觀全書樣貌的「總論」。除此之外，扉頁設有地圖，書末附有參考文獻，希望能對各位讀者有所幫助。

「歷史的轉換期」叢書監修　木村靖二・岸本美緒・小松久男

專欄

歷史的
轉換期

01

前220年

帝國與世界史的誕生
帝国と世界史の誕生

Turning Points in World History

總論　帝國與世界史的誕生

南川高志

西元前二二〇年

西元前三世紀，約莫是日本的彌生時代，在地球另一端的環地中海區域，亞歷山大大帝的繼業者們所統治的希臘化諸王國之間，以及巴爾幹半島多個希臘人勢力之間的紛爭越發激烈。而在地中海西側，義大利半島中部的羅馬勢力也不斷擴大，不僅統一半島，還與西地中海一帶實力堅強的北非城邦迦太基爆發戰爭（第一次布匿戰爭）。這些同為希臘人之間的地域紛爭或與國家利益相關的紛爭最終演變成戰爭，原先都只是各區域內部的事。但是，這些區域最終都成了羅馬統治的區域。有人將這樣的過程寫成了史書，就是出生於西元前二〇〇年左右的希臘人波利比烏斯（Polybius）。

波利比烏斯以西元前二二〇年為其史書的開端，是基於明確理由的。他做了以下敘述：

在早先的時候，有關世界的歷史可說是由一連串不相干的事件組合而成，其發生的緣由及結果之不相關聯，有如它們散落四處的地點之相隔。但是從這時開始，歷史宛如整體般開始聚集在一起，在義大利及非洲的事件，與在亞洲及希臘發生者相互交織，其中所有事情產生關聯，並導致單一結果。這便是我何以選定這個特定時間做為我作品的起點。

——原書引自城江良和翻譯的日文版《歷史》第一書，三・三。

本處引自翁嘉聲翻譯的中文版《歷史：羅馬帝國的崛起》（廣場出版，二〇一六），頁三。

前二二〇年，希臘化時代的馬其頓王國聯合希臘城邦同盟亞該亞同盟，與力量強大的希臘城邦斯巴達聯合埃托利亞同盟，雙方展開戰爭。隔年，敘利亞的塞琉古王朝安條克三世占領了埃及托勒密王朝統治的柯里敘利亞。接著，前二一八年羅馬與迦太基再度開戰，也就是俗稱漢尼拔戰爭的第二次布匿戰爭。波利比烏斯認為這幾場戰爭都導向了一個結果，那就是羅馬的勝利。

波利比烏斯的命運

寫下羅馬建立霸權過程的波利比烏斯，其實正是羅馬擴張下的犧牲者。波利比烏斯生於希臘伯羅奔尼撒半島城邦梅格洛玻利斯的政治世家。他出生時，梅格洛玻利斯是地區城邦聯盟亞該亞同盟的中心，父親是活躍其中的一分子。當時亞該亞同盟與半島上的強大城邦斯巴達對峙，北境是影響力擴及希臘的馬其頓王國，而馬其頓與西方的羅馬處於戰爭狀態。

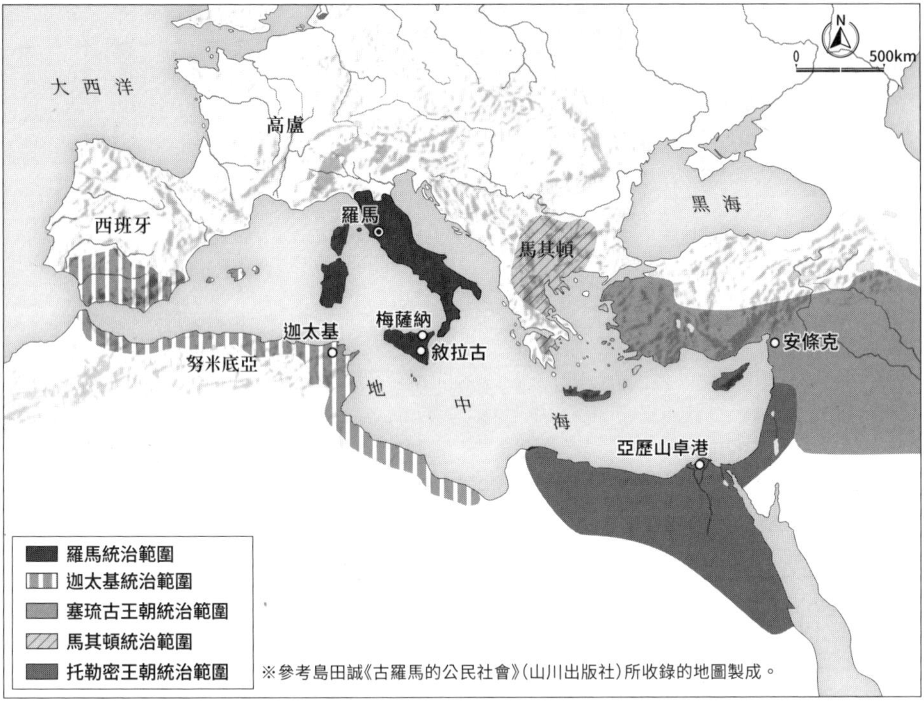

第二次布匿戰爭時地中海周邊各區域

身為亞該亞同盟的政治領袖，波利比烏斯開始發跡。但前一六八年馬其頓與羅馬對戰並落敗後，亞該亞同盟因為在這次戰爭中未明確支持羅馬而被究責，得提交一千名人質給羅馬。波利比烏斯就這樣成了其中一名人質，被帶到羅馬城。

雖說如此，波利比烏斯在羅馬深受當時掌握政治實權的西庇阿家族厚待，擔任家族子弟的導師。此外，他深得有小西庇阿（Publius Cornelius Scipio Aemilianus Africanus Numantinus）之稱的家族之主信任，跟著小西庇阿前往北非與伊比利半島，更親身經歷了小西庇阿率領羅馬軍隊消滅迦太基的第三次布匿戰爭。波利比烏斯待在羅馬的時間長達十七年，在那段時間裡他能與政治人士交流，也能從中深入觀察羅馬這個強盛的國家。前一五〇年，波利比烏斯的人質身分獲得解除，但他返鄉後仍持續支持羅馬。基於這樣的經歷，他寫了一部長達四十卷的鉅著《歷史》（*Histories*）。

羅馬帝國的形成

波利比烏斯的史書起始時間是西元前二二〇年，當時羅馬與北非城邦迦太基的關係劍拔弩張。為洗刷第一次布匿戰爭時的敗戰恥辱，迦太基統帥漢尼拔（Hannibal Barca）展開行動，雙方在前二一八年開戰。漢尼拔領軍越過阿爾卑斯山，進入義大利半島，在特拉西梅諾湖戰役與坎尼會戰大敗羅馬軍隊，羅馬一度陷入危機。然而，漢尼拔勸服諸城邦脫離羅馬的行動失敗，不久後又因補給中斷而無法維持對義大利的統治，再加上羅馬揮軍攻打迦太基本土，漢尼拔只得返國救援。前二〇二年，漢尼拔在札馬戰役潰敗。至此羅馬終於擊敗這位強大的敵人，打贏迦太基，掌握了地中海西部的霸權。

第二次布匿戰爭結束後，羅馬開始將觸角伸向地中海東部。西元前二〇〇年與馬其頓國王腓力五世交戰，於前一九七年取得勝利；接著，前一九二年又與塞琉古王朝敘利亞的安條克三世交戰，

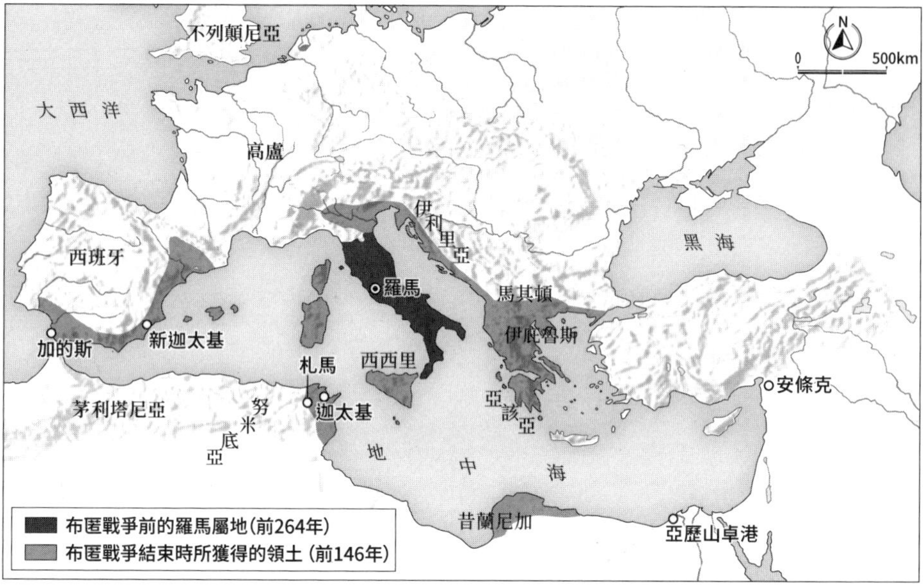

第三次布匿戰爭後的羅馬版圖

並於前一八八年取得勝利。如此這般，與希臘化諸王國逐一開戰且得勝的羅馬，一步步地展露外顯的征服政策，在第三次馬其頓戰爭（前一七二～前一六八年）打敗馬其頓國王，馬其頓王國就此滅亡，分裂成數個共和政體。另一方面，羅馬也向與自己敵對的希臘各勢力施壓，波利比烏斯就是在這個時期成為羅馬的人質；而位於希臘半島西北部的伊庇魯斯不僅城鎮全毀，居民更被當成奴隸販賣。

前一四九年，自稱馬其頓國王之子的安德里斯庫斯占領馬其頓，但很快就被羅馬擊敗，之後馬其頓由羅馬直轄，即羅馬的行省。前一四六年，羅馬擊破舉兵的亞該亞同盟，並徹底毀滅了同盟內部的強大城邦科林斯，希臘本土也成為羅馬的亞該亞行省。

同一時期，羅馬也找迦太基的麻煩，逼其不得不與羅馬開戰。前一四六年，羅馬攻破迦太基城，原本屬於迦太基領土的北非地區劃為羅馬行省。為了使迦太基無力再起，羅馬甚至用鹽水淹沒農地，讓該城寸草不生。

就這樣，羅馬以君臨天下之姿，在前一四六年掌握了地中海西部與東部，統治遼闊的疆域。波利比烏斯親身經歷了羅馬征服、統治「全世界」的過程，並將之記錄下來。他所記述的內容，包括了他與羅馬統帥小西庇阿親眼目睹的、前一四六年第三次布匿戰爭迦太基的滅亡，乃至同年羅馬併吞希臘的過程。在波利比烏斯記述的這個時期，羅馬擁有強大的軍事力，統治著當時被認為是「人居世界」（oikoumene，已知有人居住的世界）的地中海周邊區域。在這些區域裡若無羅馬許可，人們不得擅自行動。在所謂的羅馬皇帝出現之前，羅馬就已經是個「帝國」了。

另一個西元前二二〇年

與波利比烏斯記述的歷史起點那年差不多同時間，在歐亞大陸東方，秦國征服了數個諸侯國，終於在西元前二二一年建立了中國最早的大一統國家。勝利者秦王嬴政制定了皇帝稱號與專用詞彙，以直接統治為原則，實施郡縣制並統一貨幣、度量衡與文字。東亞最早的「帝國」也正式誕生。

然而，激進的改革讓秦的統治壽命短暫。之後承繼的漢朝（前二〇二年～）最初採行郡國制，是一種介於秦的郡縣制與舊有封建制的折衷制度，讓封建諸侯直接統治封地。但不久後各諸侯興兵

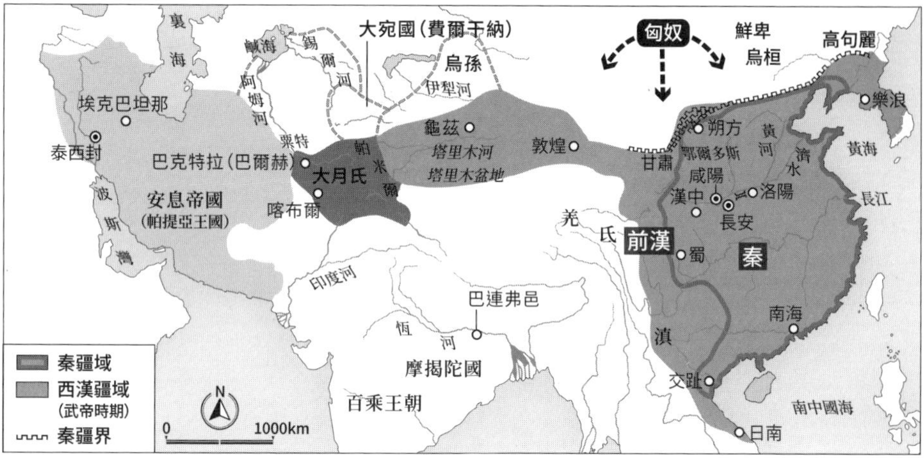

秦與西漢武帝時期的疆域

反抗，漢王室一度陷入危機。前一四一年即位的漢武帝便壓制諸侯勢力，改由中央直接統治。武帝的對外政策也轉趨積極，創造了漢的鼎盛時期。若從建國起算包括東漢，漢朝長達四百年之久，可說是一個長壽的王朝。

就這樣，在西元前三世紀的後半，前二二一年、前二二〇年這兩個非常接近的時點，大陸的東西兩邊都發生了人類史上深具意義的大事：不管東方還是西方，都開始出現「帝國」。在那個時間點之後，如同波利比烏斯經歷的那樣，羅馬在不到百年的時間裡建立了稱霸地中海一帶的「帝國」，而東亞也在漢朝建立後，在幾乎相同的時間裡強勢體現了「帝國」的樣貌。

古代與帝國

前面概述了羅馬與秦漢兩個「帝國」的誕生過

程。「帝國」一詞存在著各式各樣的定義，與「民族國家的終結」及全球化之間的關係，也經常被拿來討論。不過，這裡所說的「帝國」一詞，著重在能夠展現該詞原意的現象，主要是指擁有強大軍事力，能夠超越自身國界，統治廣闊區域的國家。在這樣的情況下，帝國未必要有「皇帝」；雖然秦漢帝國與皇帝同時出現，但羅馬形成「帝國」時採取的是共和政體，沒有皇帝。即使是沒有皇帝的國家，歷史學者也會套用「帝國」的概念。例如西元前五世紀的希臘城邦雅典，憑藉著強大的海軍，透過提洛同盟統治其他城邦。當時雅典是民主政體，沒有皇帝，但歷史學者也稱當時的雅典為「雅典帝國」，研究其統治方式，藉此掌握具多重意義的史實與特徵。又例如對當代世界影響甚鉅的美國，儘管是個民主制與總統制國家，但我們還是把美國形容成「帝國」。

再者，人類在古代的重要歷程，其中之一就是國家的形成。許多國家最初是以一個保有政治獨立、具備國家機能的城市，亦即「城邦」形態而存在。然而就像古希臘人特有的城邦，本身能夠長期發揮國家機能的並不多見，更多時候城邦與城市聚落會被更強大的國家征服、統合。透過這種方式形成的領土國家在各地區出現，更進一步誕生了運用強大軍事力征服遼闊領土，統治龐大人口的國家。這就是帝國。

古代出現了好幾個帝國，每個帝國都對歷史發展造成重大的影響。例如西臺帝國、亞述帝國、還有波斯阿契美尼德王朝（波斯帝國）等等。其中波斯帝國針對遼闊版圖所建立的統治方式，尤其值得注意。

不過，在這些古代帝國之中，羅馬帝國與秦漢帝國不僅國力強盛，還擁有中央集權制度及相對應的政治理念、統一的貨幣及度量衡等發展完熟的體制，也擁有先進的文化。它們具備這些後世大國應具備的要素，也維持了長時間的和平盛世，在思想上更足以成為後世大國的模範，有著極重要的歷史意義。有人認為將這兩大帝國並列討論，是一種傳統見解與近代歐洲式的觀點，但若將他們與其他古代帝國相較，就可毫無疑問地看出這兩大帝國對後世的影響更加明顯且巨大。況且，一旦我們設想生活在世界不同地方的人們在相同時期都面臨了相同課題，並去探究其中的共時性及可能性，以東西兩大帝國的建立做為討論主題，其價值自然就大到不可言喻。

東西兩大帝國的誕生，被認為大大改變了當時與後代人們的生活，在歷史上別具意義。本書想做的，就是討論這樣的改變過程。本書以西元前二二〇年做為西方帝國與東方帝國（東方是前二二一年）的象徵年分，去闡述帝國的誕生對世界造成了什麼樣的變化。

何謂帝國的建立——本書的嘗試

首先來說說「帝國」的建立是怎麼一回事吧。若按照本書對「帝國」的定義，帝國就是向他處派遣軍隊，排除反抗者，樹立自身統治權。在如此作為下，很多人失去了性命，當地原住民也深受其害。但是，若只把帝國的建立想像成侵略領土的征服戰爭，就無法充分理解其意義。帝國要做的事情不只是排除反抗者而已。為了穩定統治權，帝國必須花費心思處理這些被征服者；為了統一國家，更必須啟動一個以前沒有的體制。而被納入統治的人們，為了熬過被奴役的日子，也不得不付出前所未有的努力。本書把征服戰爭之後的發展也納入討論，思考「帝國的建立與完成」，試著深入捕捉歷史的轉換期。

以羅馬帝國來說，波利比烏斯所記述的西元前三世紀末到前二世紀中期，各地都在戰爭。在理解帝國的建立時，首先必須確切掌握這一點。關於羅馬帝國如何形成，學界一直存在著「羅馬帝國主義」論爭：「羅馬並無積極征服他人的意志，是為了自我防衛才開戰」，與「羅馬是好戰的國家，政治人士透過征服戰爭實現的野心被納入政治體制，征服概念一貫存在於主體意志」，兩種論點相持不下。但是，若從被征服者的視角重新來看這些征服戰爭，那個時代的樣貌應該會不一樣吧？本書想盡可能地從這樣的觀點，重新闡述帝國建立的過程。

在第一章，羅馬於地中海西半部征服戰爭的重點，並不是被頻繁拿出來討論的、與迦太基之間的戰爭，而是在西班牙（Hispania，相當於現在的西班牙與葡萄牙）也就是伊比利半島的戰爭。第二章將以相同觀點，敘述被羅馬征服的地中海東部希臘化諸王國的情況，藉以窺知在前二世紀後期形成的羅馬帝國的原型及其特質。

即便征服戰爭結束，跨國的帝國架構也形成了，但從人們日常生活的視角來看，那樣的帝國距離帝國的「完成」狀態，其實還遠得很。本系列第一冊的前兩章敘述前二世紀中期左右羅馬帝國的形成，第三章則要敘述征服戰爭之後的時代，尤其是被稱為「羅馬和平」（Pax Romana）的羅馬盛世。希望藉由本章的說明，讓讀者更瞭解這個世界史上最具歷史意義的羅馬帝國之制度與性格，以釐清歷史的轉換關鍵。

羅馬以義大利為故土，靠著征服戰爭得到了義大利以外的龐大領土，也為了統治龐大的領土，建立了一套由被征服者協助統治的體制。因此，那些經歷許多悲慘遭遇、過著被奴役日子的被征服者們，不久後也成為「羅馬人」，有些甚至進入帝國的統治中樞。如此這般，若把這種迥異於征服戰爭結束時的新體制之成型，視為羅馬帝國的「完成」，那麼本冊所謂「歷史的轉換期」的結束，應該要落在西元二世紀前期左右。

如果用以上的嘗試，能夠順利掌握古典時代西方帝國的形成與完成，那麼東方的情形又是如何呢？第四章是心裡想著第一到第三章，試著闡述以秦漢帝國統一中國做為劃分歷史狀態的一章。當然，中國與羅馬在討論歷史時使用的史料與學術論述方式不同，所以很難用相同的論點去敘述。不過，兩者到底有著怎樣的共時性？本書將盡可能提供一些值得讀者關注的素材。

「世界史」的誕生

本書不僅敘述了西元前二世紀後期的帝國形成，也敘述了其後的完成過程，並探討帝國的意義。其實，波利比烏斯也在做同樣的事。他在書的一開頭，便寫了以下這番話：

正是我所選擇陳述之事情中所具有的不可預期成分，讓所有的讀者，無論老少，在研讀我系統性的歷史時，都將受到挑戰與刺激。誠然，沒有人會在見識上如此偏狹或漠然，會不想去思考或發覺究竟羅馬人是利用何種方法和何種政府體制，在不到五十三年的時間，將幾乎全世界所有人居住的地方納入他們的統治之下。

——原書引自日文版《歷史》第一書，一．四。
本處引自中文版《歷史：羅馬帝國的崛起》，頁一。

這裡所說的五十三年，是從敘事起點的西元前二二〇年起算，到馬其頓王國敗給羅馬，波利比烏斯以人質身分前往羅馬城的前一六八年。但是，波利比烏斯的《歷史》所敘述的不只五十三年，他變更計畫，將之後的迦太基滅國及希臘城邦科林斯的陷落都寫入，一直寫到西元前一四六年。對那個時代的波利比烏斯來說，前一六八年的彼得那戰役後，羅馬帝國便已正式建立，但或許是為了說明羅馬人如何運用到手的統治權，而被征服的人們又是如何接受羅馬統治的，所以延長了記述。波利比烏斯寫下這段文字：

這五十三年的時段以此作結，而羅馬勢力的成長及崛起在那時已經完成。……但是只根據戰爭結果來對勝利者及失敗者下論斷，絕不會是最後的論斷；……我因此深感有其必要，在我剛提及的陳述之外，再加上征服者在勝利之後所實行的政策，他們如何執行世界霸權，以及其他人對他們的主宰者有何觀感與評斷。

——引自日文版《歷史》第三書，四．二～六。

本處引自中文版《歷史：羅馬帝國的崛起》，頁一三八。

本書要做的，是那個時代的波利比烏斯無法做到的，用更長的時間框架與更寬闊的視野，來深入觀察帝國的建立。

不過，波利比烏斯並不只是把記述往後延長到西元前一四六年，他在全書一開頭所敘述的，是比西元前二二〇年更早、第一次布匿戰爭開始的西元前二六四年，以此做為前史。波利比烏斯說：從這一年開始寫，是因為可以接續迪麥歐斯（Timaeus）寫的史書。如果有優秀先人撰寫的史書，那麼就接續先人往下寫，這是古希臘人的述史傳統，波利比烏斯遵循了這個傳統。不過，所謂古希臘人的述史傳統，並不僅僅是接續先人的記述而已。

古希臘人很早就廣泛活躍於自身城邦以外的地區，知道國外有大國存在，所以在描述過去的歷史時，不會把敘事主軸放在自己身上。他們不寫本國歷史，而是以大國的興替為主軸，認為「歷史」是記述廣大的「人們能夠居住的世界」之事。影響古希臘人甚鉅的近東世界（Orient）沒有這樣的觀念，可以說這是希臘人的發明。他們認為承擔歷史興替的大國，是波斯的阿契美尼德王朝。像「歷史之父」希羅多德，他雖記述波希戰爭的歷史，但全書是以波斯帝國為主軸。希羅多德之後，修昔底德記述了西元前五世紀後期發生在希臘世界的一場大戰，其後也短暫出現一些描寫希臘歷史的人，但這種情形並不長久。西元前四世紀，希臘人再次把目光放在其他大國身上；當時的大國，就是從北方入侵、攻打希臘本土的馬其頓王國。隨著對馬其頓的關注，從西方擴張勢力到地中海東部的羅馬，也入了希臘人的眼。本著希臘人的述史傳統，波利比烏斯理所當然描述了羅馬稱霸世界的事蹟。

透過希臘人的敘述，以大國的興替——也就是波斯、希臘、馬其頓、羅馬為主軸的歷史樣貌逐漸成形。研究希臘史學史的學者藤繩謙三指出，後來在羅馬帝國統治下，這段歷史透過帝國的基督教化，與猶太人的「四大帝國說」結合，由中世紀基督教世界所承繼，進而被近代的歐洲人接受，成為所謂的「世界史」。

一直以來，我們都很習慣以近東、希臘、羅馬、歐洲這樣的順序來討論「世界史」，而在講述世界史時把這四段歷史當作主軸的，便是近代歐洲人。與今日史學研究直接相關的近代史學，在十九世紀歐洲、特別是德國萌芽時，所謂「世界史」（德語為 Weltgeschichte）並不是指廣泛描述地球上各地的過去之事，而是指從誕生人類最早文明的近東世界開始，歷經希臘文明、羅馬文明，然後移轉到中世紀及近代歐洲的大型演變歷程。這種將近東、希臘、羅馬、歐洲四大文明的興替視為世界史的觀念，一直流傳到二十世紀。二次大戰後的日本高中世界史課本，基本上也沿襲了此觀念。該如何敘述「世界史」，這個課題在當今日本的史學界仍議論不休。不過，如前所述，基於傳統歐洲中心主義歷史觀的「世界史」樣貌，其實是源自古希臘人創造的述史傳統。

波利比烏斯的史書，就是以那樣的古希臘人傳統著史方式記述的。然而他不只是關注大國，他也以親眼所見，解釋了羅馬是如何把「人們能夠居住的世界」全部納入統治的祕密。他從內部觀察羅馬的制度，特別舉出了「混合政體」理論，來說明羅馬的政治體制。他在羅馬城當人質之前，是一位活躍於希臘城邦的政治人士，也曾宣稱撰寫史書的目的在於協助政治。波利比烏斯以其嚴謹的研究態度，對闡明羅馬的帝國化做出了貢獻。由於他的記述，《歷史》一書被稱為是「世界史」的濫觴，他也被稱為是第一位世界史學家。波利比烏斯所敘述的羅馬，後來把近東地區也納入統治範圍，成了名符其實的世界帝國。若考量到這一點，稱波利比烏斯是第一位世界史學家，應該非常合適。以及，在這樣的意義下，波利比烏斯敘述的歷史是從西元前二二〇年開始的，因此這一年不僅是帝國的誕生年，也可以說是世界史的誕生年。

比波利比烏斯出現的時間稍晚一點，中國的西漢出現了司馬遷（生於西元前一四五年左右）。司馬遷繼承父親的太史令官職，他在西元前九九年時為被匈奴俘虜的李陵將軍辯護，激怒了漢武帝而入獄，還被處以宮刑，遭受極大的苦楚。但他在此般際遇下完成了中國史書的經典——總共一百三十卷的鉅著《史記》。《史記》記述的內容上自傳說中的黃帝，下至與司馬遷同時代的西漢武帝。中國的正史就從這裡開始。既然是正史，自然是以中國為主軸，這一點與波利比烏斯的史書大不相同。不過，若從同屬回應時代課題的鉅著這點來看，這兩部史書確實有著世界史上的共時性。

超越波利比烏斯

傳言說波利比烏斯在西元前二世紀末死於墜馬。儘管被送到羅馬當人質，祖國也被羅馬統治，但他卻受到羅馬的禮遇，並屈服於羅馬的力量。因此，他很少將觀點放在被羅馬征服與行使影響力的從屬地區，也很少用批判的角度去看羅馬的征服行為。他在其長篇史書的最後有以下的敘述：

> ……在完成我的任務之後，我從羅馬返家。或許可以說，我被賦予機會去從我過去的政治活動中進行收獲，這是我憑藉對羅馬的忠誠所贏來的恩典。所以我向諸位神明獻上祈禱，願我能在餘生中以相同條件繼續行走相同的路，牢記——如我現在——命運女神是忌妒凡人的，而且最會在凡人認為他在人生最受祝福以及最成功的那一刻，展示出祂的神力。
>
> ——原書引自日文版《歷史》第三九書，八・一～二。
>
> 本處引自中文版《歷史：羅馬帝國的崛起》，頁五〇三。

圖 0-1　倫敦北部聖奧爾本斯的古羅馬劇場遺跡

本書雖然將波利比烏斯的記述當作重要的史料，但也希望從被征服者、被統治者的角度來闡述帝國的建立。面對僅留下統治者角度史料的眾多古典時代歷史，想從被征服者、被統治者的角度來研究，著實不易。但若去留意生活在各地區的人們以及各地為政者們經歷了些什麼，或許能為帝國的建立與形成帶來新的歷史面貌。

西元一世紀前期，相當於現在英國的不列顛島上住了多個集團（部落）的原住民，他們一方面受到來自大陸的文化影響，一方面各自形成獨立社會，部落間也經常發生紛爭。西元四三年，羅馬帝國第四任皇帝克勞狄烏斯（四一～五四年在位）派遣四萬名士兵前往不列顛島，發起了征服戰爭。不列顛的原住民，尤其是住在島嶼東南部的人們，有些是知道羅馬的，但更多的原住民大概以為羅馬不過是另一個來自南方的新部落罷了。然而，這個新的軍隊不僅用武力征服了不列顛島，還定居下來，建立了城鎮與道路，開始改變這座島。城市出現了，公共浴場完工了，連劍鬥士競技場也建成了。還有奉祀羅馬諸神的神殿，拉丁語與法律，甚至貨幣，全被帶進了不列顛島。不列顛的原住民，尤其上層社會人們的生活，都變得和以前不一樣了。

雖然也爆發過反抗叛亂事件，但羅馬軍隊入侵此地百年後，至少表面上，不列顛的政治架構已被統一，不再有部落間的戰爭。人們都在羅馬帝國的體制下過生活。城市集落的房舍從草房變成瓦房，用轆轤製成的美麗陶器取代用手捏成的陶器。人們踏上了無法回頭的歷程，這就是帝國的力量。

當然，我們不能忽視原住民的主體性。儘管建造了羅馬神殿與奉祀羅馬神祇的建物，但裡頭也供奉了在地神祇，折衷維持各自的文化。此外，根據考古學者的調查結果，羅馬的生活樣式也並未完全覆蓋整個不列顛島。不過，到四世紀末左右，這座島上的人們就完全生活在羅馬帝國的政治架構與體制中了。能從帝國發源地羅馬城發揮統治體制的「力量」，以及改變原住民生活的「魅力」到如此遙遠的不列顛島，這都與帝國的本質有直接關連。

在本書所敘述的時代裡，生活在同一時間的歐亞大陸東方與西方的人們，他們對彼此幾乎一無所知。但他們或許面對著相似的問題——或許都在有意或無意之間，與「帝國」這個龐然大物戰鬥。一旦著眼於這樣的共時性，就會覺得地域世界的歷史突然全球化了，更接近二十一世紀的「世界史」了。那麼就進入正題，來具體看看古代世界的轉變吧。首先從西班牙開始。

第一章　變化中的地中海

宮嵜麻子

1　羅馬帝國的形成與西班牙

羅馬帝國與西班牙叛亂

說到西班牙，大概沒有人不知道塞凡提斯（Miguel de Cervantes Saavedra）的名著《唐吉訶德》（*Don Quixote*）吧。那麼，同樣這位塞凡提斯寫的劇本《努曼西亞》（*La Numancia*），大家知不知道呢?這是西班牙無人不知無人不曉的作品，也有日文譯本，裡面的主角就叫努曼西亞。不過，努曼西亞這個名字並不是人名，而是西班牙所在地伊比利半島，西元前二世紀反抗羅馬統治的原住民——凱爾特伊比利亞人的聚落名稱。前一三三年，努曼西亞在羅馬統帥小西庇阿的征討下全滅。在羅馬大軍的圍攻下，即使餓殍遍野也要抵抗到底，賽凡提斯描述了這群努曼西亞人民的最後時光，歌頌西班牙人不自由毋寧死的勇氣與驕傲。這部十七世紀的作品留傳到後世，到了十九世紀末，努曼西亞更被譽為西班牙民族統一的象徵。如今在努曼西亞遺跡的入口處，豎立著一九〇四年建立的表彰碑，稱頌兩千年前奮勇對抗侵略的人們。

還有，聽過維里阿修斯（Viriathus）這個名字嗎？他是從前一五〇年開始率領伊比利半島原住民盧西塔尼亞人（Lusitanians）與羅馬激戰，並數次取得重大勝利的人物。他原本是個默默無聞的農夫（一說是牧羊人），但根據希臘及羅馬人的史料紀載，維里阿修斯是一位富有智謀、謹慎且心胸寬大的人物。十六世紀葡萄牙大詩人賈梅士（Luís Vaz de Camões）在歌頌祖國榮耀的敘事詩《盧西塔尼亞之歌》（*Os Lusíadas*，又譯葡國魂）中，將維里阿修斯描述成建國英雄之一。另外，西班牙宮廷畫家荷西・馬德拉索・阿古多（José de Madrazo y Agudo）所繪的《維里阿修斯之死》（*La

圖 1-1　豎立在努曼西亞遺址的表彰碑
二十世紀初建立

圖 1-2　荷西・馬德拉索・阿古多，《維里阿修斯之死》（1808）
藏於馬德里普拉多美術館

muerte de Viriato, jefe de los lusitanos），其風格讓人聯想到法國畫家安格爾與大衛的歷史畫。畫作時間正好是拿破崙攻打西班牙時的一八〇八年。

波利比烏斯表示，自西元前二二〇年起，地中海各區域已然變質，可以稱作是「一個世界」。而這個變質的時點，就是羅馬帝國的建立。但一般認為建立羅馬帝國的歷史起點，並不是波利比烏斯所寫的前二二〇年，而是前二一八年第二次布匿戰爭的爆發。西地中海一帶勢力最強大的北非城邦迦太基，與新興的義大利城邦羅馬，雙方的第二次戰爭正是從伊比利半島開打的。打贏這場戰爭的羅馬，取得了廣大的伊比利半島，並將之納為自身統治下的西班牙行省。在伊比利半島上設置行省後，羅馬帝國才算正式成形。

不過如前所述，羅馬在伊比利半島設置行省後，面臨了當地原住民的反抗。對於被羅馬帝國統治一事，原住民的回應便是發動叛亂。帝國最初的歷史，就是這些叛亂的歷史。贏了迦太基，設了行省，羅馬帝國就建立起來了嗎？事情當然沒那麼容易。那麼，羅馬是如何解決那些叛亂，建立穩定的帝國統治呢？

本章將敘述從第二次布匿戰爭開始，一直到西元前二世紀的頻繁叛亂、以至伊比利半島最終被羅馬統一的過程。這裡有幾點值得特別注意。

羅馬帝國與行省

首先來談談「在伊比利半島上設置行省後羅馬帝國才算正式成形」這個說法。日本高中世界史課本也提到了，羅馬帝國在義大利半島以外的各地區設置行省，進行統治。不過，「行省」這個詞其實有些麻煩。這個詞來自拉丁語的「provincia」，而「provincia」是英語「province」的語源。字典對「province」的第一個解釋是做為行政區分用語的州、省、縣等等。以現代用語來說，就是指某個特定區域，具有空間上的概念。即使是羅馬，在比本章所敘述的更晚的時期裡，一般也用「provincia」來表達那樣的意思。羅馬稱在海外獲得的統治空間（區域）為「provincia」，而日文翻譯成「**屬州**」。

出生在行省的人民（行省民），與羅馬城邦的公民地位不同。在法律上，行省民不屬國家的正規成員，因此雖然也能參與政務，卻無法享有羅馬公民的許多權利。但另一方面，做為羅馬這個國家的一員，行省民除了得納稅，還必須服兵役，擔任羅馬軍隊的輔助部隊。也就是說，同樣生活在羅馬這個國家，行省民很明顯是被統治者，而羅馬公民是優於行省民的統治者。

率領軍隊的總督被派遣到行省後，不僅是軍隊的司令官，同時也是行省的行政及司法長官，理論上擁有無限制的裁量權。既然他們是行省長官，就應該考量行省民的利益，但很多時候行省民卻是被總督本人及總督認可的羅馬商人、包稅人（publicani）剝削搾取。現今殘留了西元前一世紀政治家西塞羅（Marcus Tullius Cicero）指控西西里行省總督維勒斯（Verres）的演講內容*，在他的演講裡，西塞羅一字一句清楚地指控維勒斯以惡劣手段讓行省民陷入痛苦景況。維勒斯所做的遠超出經濟上的壓搾。總而言之，行省的行省民應該要被總督慎重以待才是。羅馬時常在行省內設置給公民居住的城市（稱為殖民地，colonia），也會提升部分行省民的地位成為羅馬公民，因此行省內部結構是相當複雜的。但大致說來，統治者羅馬公民的生活空間是羅馬城與義大利，而被統治者行省民的生活空間是行省，這就是羅馬帝國法律制度的基本結構。也就是說，行省是羅馬帝國為了統治而設立的架構。

不過實際上，以本章敘述的時期來說，上面這句話的意涵並不能用「伊比利半島是羅馬帝國的統治區域」一句話來涵蓋。因為在這個時期，「provincia」最重要的意涵並不是空間上的意義。

* 即《控告維勒斯》（*In Verrem*）。

「provincia」這個詞最初的意思，是指擔任羅馬政務的人（政務官）行使統帥權（Imperium，又稱帝權或最高權力）的任務職責。在此說明，每種政務官的職務內容與就任資格相當複雜，因此只選擇必要項目來敘述。能夠行使最高權力的正規政務官是最上級的兩個，也就是執政官（consul）與司法官（praetor）。被賦予在這兩個官職上的軍事性任務，就是「provincia」。到了前三世紀，羅馬開始在義大利半島以外的地區打仗，「provincia」當然也被推向海外。而通常來說，一個「provincia」會對應一個特定的敵對目標，並被限定在某一個特定空間。因此做為任務的「provincia」，就被定位為執行任務的場所，進而被指涉成海外的特定空間。

不過，「provincia」的原始意義仍繼續保留，特別是在前三世紀末，仍普遍以原意被使用。例如第二次布匿戰爭爆發時的西元前二一八年，執政官普布利烏斯．科爾內利烏斯．西庇阿（Publius Cornelius Scipio，小西庇阿的養曾祖父，又稱老西庇阿）得到了伊比利半島的「provincia」。但是，就在他即將抵達伊比利半島時，得知迦太基統帥漢尼拔正朝著義大利進軍，於是老西庇阿也率軍返回義大利。這個行動顯示老西庇阿的「provincia」不是伊比利半島的**空間**，而是與迦太基軍隊作戰的**任務**。透過第二次布匿戰爭，我們可以得知「provincia」這個詞被用於這個意義上。直至前二〇一年戰爭結束後的一段時間，該意義仍然被接受，沒有改變。

如此看來，就有必要思考前一九七年羅馬在伊比利半島設置「行省」，實際上都發生了些什麼事。被後來的羅馬帝國視為統治單位的「行省」，在這個時間點上，究竟能在伊比利半島實現到多大的程度呢？

原住民與羅馬人

在觀察帝國形成的過程時，除了考慮統治單位的問題，也必須思考人的問題，也就是必須檢視伊比利半島的原住民與入侵半島的羅馬人的狀況。羅馬入侵前的伊比利半島上住著多個原住民部落，其中有在第二次布匿戰爭中與羅馬軍友好的部落，也有與羅馬軍敵對的部落。從中可以看出各部落自行決定對羅馬的態度，而羅馬方面似乎也有意對他們進行懷柔政策，這一點會在後面詳述。前面提到的統帥老西庇阿也在伊比利半島上努力試著招撫各個部落。

不過，到了西元前二世紀，原住民卻一再反抗羅馬，甚至出現幾個部落間的聯合叛亂行動。他們為什麼要反抗呢？既然發動了叛亂，一定是對什麼不滿，或是利益被剝削了。這是很自然的想法。羅馬帝國的形成讓原住民感到怎樣的不滿，造成怎樣的不便呢？前面提過了，羅馬帝國最初形成的歷史就是叛亂的歷史，而這句話的意義是什麼，似乎有具體思考的必要。因此，深入瞭解從成為羅馬行省前到發動叛亂後的這些當事人——原住民的狀況，就變得非常重要了。

而另一方面，對羅馬人來說，帝國的形成給他們帶來了什麼呢？

前三世紀末的伊比利半島，擔負著「provincia」的政務官開始以統帥身分領兵在此作戰。他們之中有許多是擁有權勢的政治人士，也是元老院議員。當時羅馬採取的是共和制。

元老院議員主要來自權勢家族，這個機關有權指導政務官及公民大會（公民的決議機關），以推動政務。對政治人士來說，在元老院可以發揮很大的影響力，是掌握權力的關鍵。如果擔任統帥能取得戰功，就能累積聲望，其政治影響力更可望在回國後大增。所以在他們眼中，頻繁發生的西班牙行省叛亂，就成了絕佳的機會。舉前面提過的西庇阿家族為例，他們在前二世紀時是元老院的一大勢力。自前二一八年起，這個家族內就有好幾位成員擔任統帥，在伊比利半島征戰（參閱西庇阿家族相關世系圖）。小西庇阿也是其中一位。像這樣可以獲得新權力的機會，將為羅馬的政治帶來何種形式的作用呢？

此外，對一般的羅馬公民而言，西班牙行省叛亂是一件非常麻煩的事。當時羅馬軍隊的主要來源是公民兵，因此很多公民都得出兵到西班牙行省，是非常沉重的負擔。所以到了前二世紀中葉，就發生不少羅馬公民拒絕政府募兵的情形。像這樣的現象，又將對羅馬的政治與社會造成什麼影響呢？

如此，在帝國形成時期發生的西班牙行省叛亂，分別給被統治者的原住民與統治者的羅馬人帶來怎樣的變化，彼此之間又如何相互影響，這些都是必須思考的事情。

最後簡單說明一下本章內容的史料來源。相較於古羅馬時代的其他時期與地區，描述當時伊比利半島的文獻資料，相對來說是比較豐富的。但是，儘管留存的史料較多，卻還是存在著問題。首先，這些資料全是羅馬人或親羅馬人的希臘人（例如波利比烏斯）寫的，因此當然只呈現了他們的觀點，無法反映當地原住民的想法。此外，其中有大半以上是後來的人抄寫的，不只缺乏可信度，恐怕也帶有後世的偏見。再者，雖說這個時期與地區的文獻資料相較之下比較豐富，但還是欠缺了很多必要資訊。本章儘可能地綜合各種文獻資料，並引用考古學調查與銘文研究成果，做為本章的論述依據。首先，就從確認第二次布匿戰爭爆發前的西元前三世紀，羅馬與伊比利半島是什麼樣的狀況開始吧。

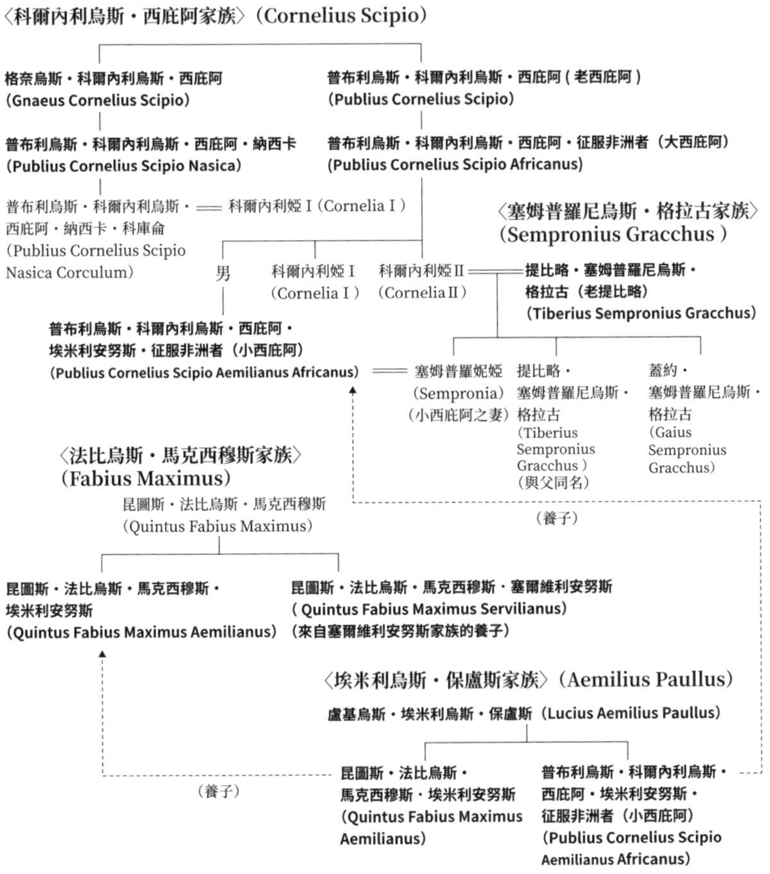

* **粗體字**是以統帥身分在西班牙行省活動的人物。

* 羅馬的男性名字通常由個人名、氏族名與家族名等三個部分組成。不過,在此基礎上有時會加上有特徵性的名字(例如彰顯了不起功績的稱號或成為某家的養子時,會加上原始家族氏族名),而有第四或第五個名字。以小西庇阿為例,他的第一個名「普布利烏斯」是個人名,第二個名「科爾內利烏斯」是氏族名,第三個名「西庇阿」是家族名,第四個名「埃米利安努斯」來自原始家族氏族名,而第五個名「征服非洲者」是戰勝迦太基而得到的稱號。另外,羅馬女性通常沒有個人名,而是使用父親氏族名的陰性形式(改變字尾)為名。例如大西庇阿的兩個女兒的名字都是科爾內利婭。

西庇阿家族相關世系圖

2 西元前三世紀的羅馬與伊比利半島

西元前三世紀的羅馬

傳說羅馬是西元前八世紀左右誕生在義大利中部的一個城邦，但到了前三世紀中葉，羅馬卻統治了大部分的義大利半島。只不過，這個時期的統治基本上是指羅馬與其他城邦個別結盟，並臣服於羅馬。羅馬把整個義大利半島納入自身領土，是前一世紀的事。在前三世紀末時，半島上仍有許多城邦，羅馬不過是其中之一。

另外，到了西元前三世紀中葉，羅馬也開始往海外進軍。在這些軍事行動裡，第一次布匿戰爭（西元前二六四～前二四一年）的意義特別重大。這場羅馬與迦太基之間的首次戰爭，與義大利半島南端的西西里島抗爭行動有關。當時的西西里島上有希臘人、當地原住民、南義大利居民等盤根錯節的勢力，當迦太基與羅馬介入後，就形成了兩強對決的局面。後來迦太基被羅馬打敗，雙方在前二四一年締結和平條約，迦太基的勢力退出西西里島。接著，羅馬又於前二三七年奪走迦太基統治的薩丁尼亞島與科西嘉島。西西里於前二四一年成為羅馬第一個行省，薩丁尼亞及科西嘉島則於前二三七年成為羅馬第二個行省。一個不同於在義大利的同盟關係的統治形態就此開始。如此這般，也可說羅馬帝國的形成，在這個時期就已經開始了。

然而，這個時候的西西里、薩丁尼亞及科西嘉島的情形，實在不是設個行省就能說清楚的。前二四一年羅馬從迦太基手中奪走西西里時，還沒有統治海外的經驗，所以這兩個行省有很長一段時間沒有羅馬後來設置的行省那般完整的制度。恐怕那個時代的人在此之前還沒有創建新統治制度的想法，充其量只知道必須要有「provincia」，當做戰地的延長。如此說來，當時的羅馬對於海外統治，本質上與在義大利的統治是相同的。也就是說，對於對等的城市、王國乃至部落，有的締結同盟，有的兵戎相見；若要兵戎相見，政務官就帶有「provincia」，要擔任統帥率領軍隊作戰。

總的來說，有關西元前三世紀羅馬進軍海外的實際情形，現在人們所知的其實有限，幾乎只算是隔靴搔癢。不過有一點倒是很明確，那就是當時的羅馬人無論有著什麼樣的制度、認知或想法，以那時羅馬周遭的狀況，都不存在足以統一世界的可能性。不，不只羅馬不可能，應該是任何勢力都不可能。舉西西里為例就很清楚了。西西里這個小島上住著各式各樣的人，他們的勢力與同盟關係，還有貿易及文化上的接觸，全都錯綜複雜。那樣的錯綜複雜層層堆疊起來，就是一個叫做西西里的世界。那麼，東邊那塊又是如何呢？關於地中海東部的情形會在下一章詳細說明，但只是更加複雜。那裡的希臘城邦與希臘化諸王國、各地區的在地王國與部落不僅保有各自的世界，也相互聯繫重疊，並慢慢形成了數個文化圈與政治團體，繼而展開錯綜的勢力分布。這樣的一個近東世界，在前三世紀時還沒有跟羅馬正式接觸。

綜觀這樣的情形，不得不說，前三世紀後期的羅馬確實沒有統一世界的可能性。敗給羅馬、被奪走三座島的迦太基，即使接受了對自己不利的和平條約，仍舊是地中海西部的一大勢力，這點也沒變。地中海各地存在著各個互相接觸、重疊的小世界。第二次布匿戰爭爆發前的羅馬只是其中的一個小世界，這樣的說法應該更貼近當時的現實。對於前二一八年首次與羅馬人接觸的伊比利半島居民來說，羅馬也就是那樣的小世界。那麼，當時伊比利半島上的居民，又是什麼樣的情形呢？

伊比利半島的世界

伊比利半島位於歐亞大陸西端，籠統來說是個四邊形的陸塊。只有東邊與歐洲連接，但這個地方聳立了陡峻的庇里牛斯山脈，另外三邊全都面向大海。在本章所要說明的時代裡，面向大西洋的地區並不是敘述重點。至於面向地中海與非洲的那兩邊，自古以來就因為各種族群的到來，在西元前三世紀之前便在伊比利半島各地形成勢力。這裡主要有外來的希臘人、迦太基人，和當地的原住民伊比利亞人（Iberians）、凱爾特伊比利亞人（Celtiberians）、盧西塔尼亞人等五大族群。他們雖然互相接觸往來，但並沒有整合成文化或政治上的一個世界。之所以如此，跟伊比利半島的地理條件最有關係。伊比利半島中央橫亙著平均高度六〇〇公尺、被稱為梅塞塔高原的高地，而其東西南北又都與山脈相連。居住在半島上的人們被這樣的天然地勢阻絕，無法統合。

希臘人沿著半島東南海岸形成帶狀勢力，特別是來自希臘城市馬西利亞（現今法國南部馬賽）的殖民者們，在這裡建立了數個城市與聚落，連通半島內外從事貿易。迦太基人在第一次布匿戰爭後正式入侵伊比利半島，率領迦太基軍隊的是迦太基貴族，驍勇善戰的哈米爾卡．巴卡（Hamilcar Barca）。戰後，他帶全家人移居到伊比利半島南部。哈米爾卡先是統治了瓜達幾

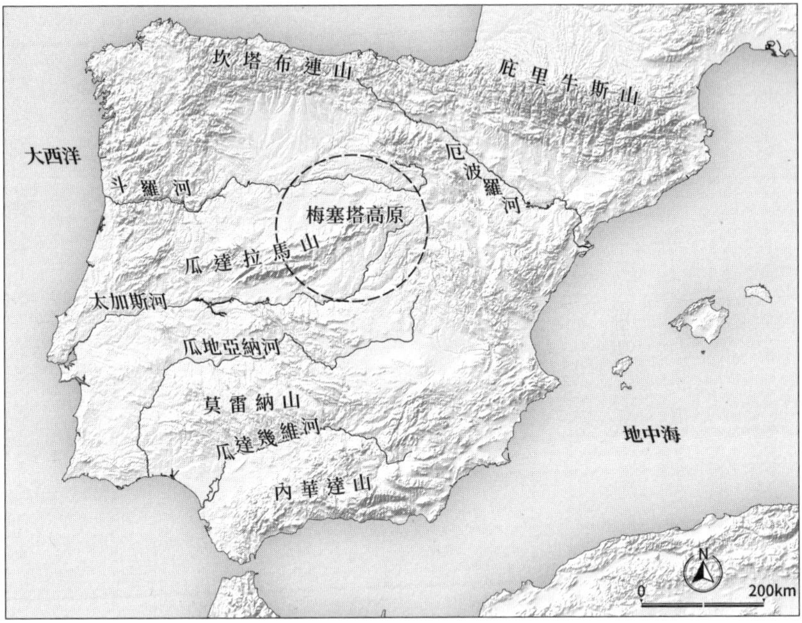

伊比利半島的地形

維河流域，接著又擴展到希臘人的勢力範圍。他死後，女婿哈斯朱拔（Hasdrubal Pulcher）成為一家之主。現在位於西班牙南部沿岸的港邊城市卡塔赫納，便是哈斯朱拔興建的，當時這座城市名為「新迦太基」（Nova Carthage）。

真正麻煩的是原住民。他們正是西元前二世紀的叛亂主體，但實際面貌為何卻不太清楚。史料中對伊比利半島的原住民並沒有嚴格定義，只把他們叫作伊比利亞人、凱爾特伊比利亞人、盧西塔尼亞人。

實際情形究竟是什麼呢？要了解古代時期，我們只能夠仰賴考古學或語言學的調查資料。就伊比利亞人來說，在半島各地都能發現他們留下來的遺跡或文物，但其時間、空間範圍和內部多樣性都太過廣泛，很難說明伊比利亞人的獨特性是什麼。那麼，凱爾特伊比利亞人又是如何呢？事實上，「凱爾特人」（Celts）這個概念本身就是個爭議，所以也無法簡潔明瞭地說明半島上的凱爾特人（也就是凱爾特伊比利亞人）是怎樣的一群人。不過，至少有一件事是清楚的，那就是跟歐洲各地凱爾特文化某種程度上共通的風俗習慣與語言，在西元前六世紀時已散見於伊比利半島了。然而，半島上的凱爾特文化似乎逐漸走上獨自發展的道路。這個凱爾特伊比利亞人的文化特徵，在半島中央被丘陵與山脈圍繞的地區尤其明顯。因此，定居在這個區域（現今卡斯提亞．雷昂區南部與卡斯提亞．拉曼查區北部一帶）的人們，狹義上可以認為他們是凱爾特伊比利亞人。前三世紀左右，這個區域的丘陵有無數的聚落，有被飼養的羊、山羊和牛，也種植穀物。騎兵握有政治與經濟特權，形成世襲貴族，另外也有被稱為「王」的掌權者。不過，像凱爾特伊比利亞人這樣的文化特徵，在伊比利半島上的其他地方也看得到。

最麻煩的是盧西塔尼亞人。前二世紀中葉，羅馬在西班牙行省的最強敵人就是他們，大致上來說，他們的勢力範圍在半島西部一帶（相當於現在的葡萄牙）。在這裡，梅塞塔高原西南側的莫雷納山脈向西延伸，在瓜達幾維河北面阻斷了半島西部。住在山脈那一頭的人們經常向外大肆侵略，讓伊比利亞人與凱爾特伊比利亞人害怕不已。史料上稱這些人為盧西塔尼亞人，但實際為何卻不可知。

如此這般，即便是史料，也很難確切指出半島上的哪裡屬於伊比利亞人，哪裡屬於凱爾特伊比利亞人，哪裡屬於盧西塔尼亞人。不過籠統來說，大概可以說半島的東北部是凱爾特伊比利亞人的世界，南部是伊比利亞人的世界，西部是盧西塔尼亞人的世界。

前面說過，前三世紀時的伊比利半島被庇里牛斯山脈阻斷於歐洲之外，但若因此說整個半島是一個世界，還不如說半島內部存在著幾個小世界，似乎更符合實際狀態。這幾個小世界，就這樣被捲入外來的迦太基人與羅馬人的第二次布匿戰爭。當時這些小世界的原住民，與迦太基人及羅馬人存在著怎樣的關係呢？接著就來看看吧。只是，如同前面我們介紹過的，這些原住民到底是什麼人（族群），還有很多是無法判斷的。所以這裡一方面遵循史料紀載，一方面採用考古學調查判定後的資訊，除此以外的族群便統稱為原住民。

另外還有一個問題。一般會說西元前三世紀至前二世紀左右的原住民分成了好幾個部落。只是，「部落」通常是指有血緣關係與共同信仰、基本上對等的一群人聚集在一起所形成的小型社會集團。但正如所見，此時的伊比利半島，是幾個血緣團體逐漸靠攏掌權者（形成所謂的上下關係）這種似乎帶有政治意涵的組織，因此實在不適合使用「部落」這個詞。此外，史料中也不時出現屬於各個社會集團的人們、卻被稱作是同一個部落的成員的說法。如此在使用「部落」一詞時，難免會不符實際情況。然而，實在找不到合適的用語來形容，所以這裡只好沿用傳統的「部落」一詞，以「某某族」來稱呼他們。

第二次布匿戰爭與伊比利半島

迦太基人在戰爭前就與原住民有所接觸。前面提到的哈斯朱拔，據說很早就開始致力和伊比利亞人建立友好關係，不僅娶了伊比利亞人部落領袖的女兒，也被所有的伊比利亞人稱為「至高無上的統帥」以及「王」。前面說過，他建設了新迦太基，為了方便與迦太基往來，哈斯朱拔在當地建造大規模的港口，甚至還營建了「王宮」。

前二二六年，哈斯朱拔與羅馬簽訂了有關伊比利半島勢力範圍的條約。雖說該條約的內容與簽訂用意為何，至今仍有論爭，但條約中似乎規定了迦太基人不能在武裝狀態下越過半島東部的厄波羅河。厄波羅河與庇里牛斯山平行，向南注入地中海，河流以西幾乎是整個伊比利半島，以東則為庇里牛斯山，越過庇里牛斯山就是高盧（現今法國）。暫且不說簽訂目的為何，但這個條約的出現，似乎也可證實羅馬承認了迦太基在伊比利半島的勢力。由此可知，在第二次布匿戰爭爆發前十年，巴卡一家已在伊比利半島南部確立其地位，勢力甚至擴展到半島其他地區。

但是，其他地方的情形與半島南部不同。

哈斯朱拔死後，哈米爾卡的長子漢尼拔成為後繼者。他延續哈斯朱拔的策略，也娶了伊比利亞人部落領袖的女兒，在半島南部與原住民維持良好關係。另外自前二二一年起，漢尼拔率軍北上，攻打並征服了斗羅河與厄波羅河之間的凱爾特伊比利亞人瓦卡耶族（Vaccaei）。他的這些行動也是在執行哈斯朱拔的策略：北部的原住民（主要是凱爾特伊比利亞人）得以武力制伏，使其臣服。看來迦太基人對付伊比利半島各個小世界時，並非一視同仁。

前二一八年羅馬與迦太基雙方開戰，前面說過，羅馬統帥老西庇阿領軍前往伊比利半島，之後追著進軍義大利的漢尼拔，返回了祖國。然而，那時的他將大部分軍隊留在伊比利半島，交給自己的哥哥格奈烏斯（Gnaeus Cornelius Scipio）率領。之後，老西庇阿也在前二一七年返回伊比利半島，無視漢尼拔橫掃義大利的戰況，繼續在伊比利半島作戰。這是為什麼呢？

原因就在於，伊比利半島是在義大利半島作戰的漢尼拔的軍需供給來源。所謂的軍需，具體來說就是武器、糧食和金錢。在先前征服伊比利半島的過程中，漢尼拔從各地城市聚落掠奪或徵收了大量的糧食及財物。另外，巴卡家在伊比利半島開發銀礦，所生產的銀是迦太基的戰爭資金來源。漢尼拔將這些物資一一輸送到義大利。還有一個重點，那就是伊比利半島也提供了迦太基必要的戰爭人力。據說漢尼拔在越過阿爾卑斯山抵達義大利時，帶了一萬二千名迦太基人步兵和八千名伊比利亞人步兵。另外，漢尼拔讓弟弟哈斯朱拔（和姐夫同名）留守在半島，同時留下五十七艘軍艦、二十一頭戰象和一萬二千六百五十名步兵，這些人員大多是原住民。還有，為了防衛在非洲的祖國迦太基，他也派遣了不少伊比利半島的原住民士兵過去。這些來自伊比利半島的士兵，一部分是應迦太基的要求，由伊比利半島上的各部落提供的，一部分則是受僱於迦太基的傭兵。

如此看來，對漢尼拔而言，即使是對外戰爭，伊比利半島仍是不可或缺。與原住民維持關係，是取得戰爭勝利的必要條件。然而，維持關係可不是件容易的事。根據不同的對象，有的是要求對方提供兵源或以傭兵方式建立關係（對南部的伊比利亞人），有的則是掠奪財物或抓捕人質（對北部的凱爾特伊比利亞人）。這樣的不同，基本上對應於各自內部的小世界。不過，面對以部落為單位的小世界，維持友好關係跟以軍事力量屈服取得微妙平衡，兩者是不太一樣的。總的來說，縱觀第二次布匿戰爭中迦太基人與原住民的關係，至少在這個時間點，不能說迦太基已經統治了整個伊

前三世紀伊比利半島的主要部落與城市聚落

比利半島，或控制了所有的原住民。

這句話也適用在已經正式踏入伊比利半島的羅馬人身上。如前面所述，羅馬軍會在伊比利半島作戰，是因為戰略考量。在這個階段，羅馬還沒有永久統治伊比利半島的想法。對剛踏上半島的西庇阿兄弟來說，首先必須做的，就是從當地原住民中尋找戰時的合作對象。

一開始，登陸伊比利半島的哥哥格奈烏斯先是攻打沿岸的原住民部落，接著對原住民採取懷柔策略，並從部落獲得兵源，往厄波羅河流域進軍。在弟弟老西庇阿也抵達伊比利半島後，前二一七年夏天，羅馬軍取得了顯著的勝利，原本是哈斯朱拔人質的原住民領袖之子也投奔到西庇阿兄弟旗下。到了前二一三年，羅馬已經開始僱用當地原住民為傭兵了。相反地，在前二一六年，哈斯朱拔的根據地瓜達幾維河上游諸部落（也就是伊比利亞人）卻發動

圖 1-3　卡塔赫納（舊名新迦太基）的哈斯朱拔之山（照片中央）
據說王宮就位於此。丘陵上的建築物是中世紀時的建築。

叛變。這一年，哈斯朱拔的母國迦太基下令要哈斯朱拔前往義大利援助哥哥漢尼拔，卻被哈斯朱拔拒絕了。這是因為，光是哈斯朱拔要離開伊比利半島的傳言，對迦太基來說可能就是致命的打擊了。也就是說，迦太基非常害怕原住民倒戈羅馬。

不過，這並不意味著原住民全面倒向羅馬這一邊。西庇阿兄弟就深刻地體會了這一點。前二一一年，他們逼近瓜達幾維河上游，決定分頭作戰。這時，與哈斯朱拔對峙的格奈烏斯的伊比利亞人傭兵，因為哈斯朱拔的煽動而全數逃跑，逼得格奈烏斯不得不撤退。另一頭，老西庇阿率領的軍隊則被迦太基的同盟努米底亞王國（現今阿爾及利亞北部一帶）的軍隊包圍。那時傳來支持哈斯朱拔的凱爾特伊比利亞人蘇塞塔尼族（Cessetani）與伊勒格特斯族（Ilergetae），為了救援哈斯朱拔而正在接近的

西庇阿兄弟及大西庇阿參與的戰役
譯註：羅馬人稱瓜達幾維河為巴埃蒂斯河。

消息，老西庇阿決定迎擊，努米底亞軍就趁著老西庇阿出擊時從後方突襲羅馬軍。羅馬軍戰敗，老西庇阿也跟著陣亡。準備前來與弟弟會合的格奈烏斯也在行軍途中遭受追擊，於潰逃中戰死。

就像這樣，羅馬也會因為原住民的動向而慘敗。這場戰爭要到前二一〇年，與父親老西庇阿同名的普布利烏斯之子也前來伊比利半島後，羅馬方面的戰情才趨於好轉。這位西庇阿後來直搗迦太基的根據地，帶領羅馬經歷漫長而辛苦的布匿戰爭，獲得了最後勝利。他因為這項了不起的功績而被稱為「征服非洲者」。不過，為了區別他那位同樣有「征服非洲者」稱號的孫子小西庇阿，這位普布利烏斯之子就被稱為「大西庇阿」（Publius Cornelius Scipio Africanus）。我們也這樣稱呼他吧。大西庇阿以希臘人勢力範圍的塔拉科（塔拉戈納）為根據地，在成功攻克新迦太基後，一口氣把迦太基軍逼退回瓜達幾維河流域，並在前二〇八年與哈斯朱拔的軍隊在瓜達幾維河上游的巴埃庫拉（現今卡索爾拉一帶）開戰，取得勝利。接著又在前二〇六年年初伊利帕（現今塞維亞一帶）戰役中，擊潰了迦太基軍的最後抵抗。

接著來看看大西庇阿擔任統帥後的原住民動向。大西庇阿攻陷新迦太基時，原本支持迦太基這邊的原住民部落陸續叛逃，轉而投靠羅馬，例如父親老西庇阿敗亡時支持哈斯朱拔的伊勒格特斯族。據說大西庇阿在攻占新迦太基時保護了伊勒格特斯族的女性，並在戰後將她們歸還給該族。那些女性大概是之前提交給哈斯朱拔的人質。在巴埃庫拉戰役獲勝的大西庇阿旗下，聚集了許多支持大西庇阿的部落，他們想擁立大西庇阿，想稱他為王，但大西庇阿拒絕了，要求他們稱自己為「統帥」。

然而，並不是所有的原住民部落都支持大西庇阿。在伊利帕戰役中，凱爾特伊比利亞人的部落領袖庫爾卡斯支持大西庇阿；而瓜達幾維河流域的圖爾德泰尼族（Turdetani）支持的是迦太基軍，這群在史料上被稱為圖爾德泰尼族的人群，實際上是多個部落的總稱。至於在瓜達幾維河上游的伊比利亞人，大致上是支持迦太基這邊。當羅馬的勝利之勢逐漸明朗時，圖爾德泰尼族的領袖們對迦太基提出趁著夜色撤離的建議。迦太基的將領們接受了建議，帶著少數士兵好不容易躲過西庇阿軍的追殺，逃到非洲。這場羅馬與迦太基在伊比利半島上的對決，最後由羅馬取得勝利。隔年，大西庇阿回國就任執政官。此後直至前一八五年左右，大西庇阿在元老院都保有最大的發言權。

到這裡，我們敘述了第二次布匿戰爭伊比利半島的迦太基人、羅馬人和原住民之間的關係。從以上的說明看來，原住民在第二次布匿戰爭中與迦太基人、羅馬人雙方建立了多種關係，也因為地域的不同而有所差異。尤其是迦太基，在戰爭前與原住民的關係似乎也對戰局有所影響。戰前與迦太基關係友好的瓜達幾維河上游伊比利亞人，戰後卻視情形不時發動叛亂。要和什麼陣營建立何種關係，似乎各個部落都會視狀況而有各自的判斷。他們支持迦太基時，會稱迦太基的領導者為「王」；但當羅馬方面占優勢時，他們會轉而投靠羅馬，想稱羅馬的統帥為「王」。這似乎就是所謂的見風轉舵吧！不過從另一個角度來看，第二次布匿戰爭前及戰爭中的伊比利亞人諸部落，都是自主決定與他人的關係，來維護部落的利益。不管是迦太基人還是羅馬人，都很難統治那些原住民，只能考慮如何與原住民諸部落建立適當關係，以及如何利用他們。一旦判讀錯誤，就會招來滅亡，像老西庇阿兄弟那樣。

戰後的伊比利半島

就這樣，前二〇六年迦太基勢力退出了伊比利半島。但羅馬人與原住民的關係，在戰爭結束後那段時間似乎沒什麼改變。在進一步詳細說明這一點以前，先來補充解釋因之前諸多繁雜情節而省略的「Imperium」（統帥權，最高權力）。前面說過，前二一八年老西庇阿成為伊比利半島的執政官，一直到前二一一年這八年間，他以統帥身分在當地指揮軍隊（也就是擁有最高權力）。然而，執政官的任期為一年，老西庇阿如何能夠做了八年的執政官呢？原本能夠擁有「最高權力」的正規官職，只有執政官與司法官，不過曾擔任過這兩個官職與被認為有相同資格的人，也會被授予「最高權力」。後來這種任命方式成了逐漸增多的行省設置總督的普遍手段，但在此之前，通常是把困難的戰爭交給能力優秀的將軍去對付時，才會授予他「最高權力」。原本為政務官的老西庇阿也是如此，自前二一七年開始便被寄望在戰場上得勝。雖說像老西庇阿這樣擁有長時間「最高權力」的情形並不常見，但還有比他擁有更長「最高權力」的人，就是他的兒子大西庇阿。前二一〇年大西庇阿抵達伊比利半島時，年方二十五歲。依照當時慣例，就任司法官的年齡下限是四十歲左右，更高一階的執政官則是四十三歲左右。也就是說，大西庇阿的年齡連司法官都還不能就任，但他卻以延任執政官（proconsul，又稱代行執政官）的身分被授予了「最高權力」。以二十五歲之齡得到那樣的資格，在當時是史無前例的。之後從前二一〇到前二〇六年的五年間，大西庇阿都在伊比利半島領軍作戰。亦即，是第二次布匿戰爭這個異常事態產生了這樣的特例，給了他機會，取得史無前例的權力。那麼，前二〇六年戰爭結束，大西庇阿返國後，有轉任為正規的政務官了嗎？並沒有。在前二〇五年，大西庇阿繼續以延任執政官的身分被派往伊比利半島。

為什麼前二〇六年之後，羅馬還需要派遣延任執政官到伊比利半島呢？這是因為，羅馬在半島上還有不得不執行的軍事行動。舉例來說，前二〇五年之後就任的統帥們中，有許多人在任務結束後舉行了小凱旋式（非正式的凱旋式），從這點就可看出。所謂凱旋式，即是授予取得重大軍事戰果的統帥們的慶祝儀式。羅馬首先要做的軍事行動，便是驅逐伊比利半島各地的迦太基殘存勢力。但還有比這更要緊的，那就是原住民當中敵對羅馬的一些勢力仍未平定。例如前二〇六年羅馬得勝後，由於傳出大西庇阿病死的流言，前述親迦太基的伊勒格特斯族，馬上就對厄波羅河河口附近的親羅馬部落展開攻擊。後來伊勒格特斯族的行動被大西庇阿阻擋，恐懼大西庇阿的他們因而投降。然而不只是伊勒格特斯族，其他諸部落在大西庇阿返國後，也一再爆發類似的行動。

前二〇六年以後，羅馬仍然視伊比利半島為戰地，也就是說伊比利半島仍然是羅馬行使「provincia」的對象；既然如此，就必須由持有「最高權力」的人來管轄。然而，到前二〇一年第二次布匿戰爭還在持續；而在地中海東部，從前二〇〇年開始羅馬與近東勢力的正式戰爭（第二次馬其頓戰爭）也開始了。因此，正規的執政官與司法官都被派到那邊的主戰場及西西里、科西嘉、薩丁尼亞島等地。至於戰事已不那麼吃緊的伊比利半島，則由延任執政官就任。

那些被派過去的統帥，並不像後來的行省總督那樣，建立特別的制度與機構來統治伊比利半島與原住民。他們所做的是徵收當地的物資、金錢和人力。有紀錄顯示，前二〇三年伊比利半島出產的穀物在羅馬賤價賣出，所以可看出被徵收的穀物似乎也運到了羅馬。但一般來說，徵收的物資及金錢是給當地軍隊補給之用。另外，這個時期的統帥也還沒有像後來的行省那樣，出現政務官本人與羅馬商人為了搾取利益而徵稅的事例。

如此說來，前二〇六年以後的伊比利半島，基本上還是一個執行「provincia」的場所。

然而在這之中，可以看出原住民對羅馬的態度有了微妙的變化。前面說過，有一部分的原住民不時會反抗羅馬。會出現這種變化的理由不一而足。不過，很多時候原住民部落的反抗目標似乎不是羅馬，而是要從其他部落掠奪物資。許多原住民部落原本就有掠奪其他部落的習慣。對他們來說，戰爭一旦結束，回歸平常，自然就恢復了以前的習慣。但在羅馬眼中，他們的掠奪行動是違背信義（fidem）、讓羅馬沒有面子的行為。也就是說，原住民之間習以為常的部落掠奪，被羅馬單方面認定為「叛亂」。羅馬人認為要鎮壓那樣的「叛亂」，就得執行「provincia」，而鎮壓後的懲罰則是徵收財物與人力。如此看來，現今認為羅馬肩負了維持伊比利半島和平的責任，其實只是一種片面認識。一方面，像大西庇阿那樣視原住民為對等身分的交涉態度，越來越難看見；另一方面，原住民對繼任大西庇阿的羅馬統帥們，也很少像對大西庇阿那般的信賴與敬愛了。

如此，前二〇六年以後的羅馬（人）與伊比利半島（半島原住民）的關係，有同以前那樣不變的一面，也有讓人感到變化徵兆的一面。一旦我們去關注變化面，就能看見其他引人注目之處。第一，大西庇阿返回義大利半島前，在瓜達幾維河流域設立了羅馬人的聚落。他將距離現今塞維亞稍北的土地分配給軍隊中的傷兵，並將那裡命名為伊大利卡（Italica）。這樣的命名似乎有模仿哈斯朱拔建設的新迦太基之意，也暗示了大西庇阿有將羅馬勢力擴展至伊比利半島的構想。

第二，如同迄今為止的敘述，前二〇五年開始由延任執政官負責管理伊比利半島。這個時期是每年派遣兩名，但這兩人似乎沒有各自的轄區，而是兩人一起在半島上共同執行「provincia」。

話雖如此，這個時期的伊比利半島習慣稱靠近義大利的這頭為「這邊的西班牙」（近西班牙，Hispania Citerior）*，而靠較遠西邊的為「那邊的西班牙」（遠西班牙，Hispania Ulterior）**。這種表現方式其實早有先例。根據波利比烏斯的敘述，前二一八年老西庇阿被派遣到「這邊的西班牙」；而前二一一年老西庇阿兄弟決定分頭作戰時，哥哥格奈烏斯在近西班牙作戰，弟弟老西庇阿則在遠西班牙作戰。但這並不代表伊比利半島內部有著清楚分明的界線，只是一種事實陳述，表示龐大的半島沒那麼靠近義大利。若從前二一一年的義大利看過去，哥哥的行動就是「這邊的」，弟弟的行動則是「那邊的」。到了前二〇五年以及之後，也都沿用這種說法。然而，就算其中一位統帥在「這邊」，另一位在「那邊」的這種說法逐漸成為常態，也不是什麼奇怪的事。

總之，對當時的羅馬來說，伊比利半島仍然是一個戰場，因此羅馬並未大幅更動幾位西庇阿統帥們在伊比利半島的基本方針——和原住民建立有益於軍事行動的關係。不過另一方面，羅馬也在逐步加強對半島原住民的統治。只是不得不說，當時的羅馬還沒有永久統治伊比利半島的打算，所以欠缺完善規畫。但到了前一九七年，出現了重大變化。

設立西班牙行省

前一九七年，羅馬的司法官人數從四名增加到六名。自此以後，就有兩名司法官被派遣到伊比利半島。這是前二一八年以來，時隔二十年的正規政務官派遣，只不過派遣的是司法官。司法官能指揮的軍隊規模比執政官（或延任執政官）小。這或許跟元老院的判斷有關，認為伊比利半島的軍事需求已經減輕了。

不過，重點在於元老院指示兩位司法官劃分各自轄區，也就是說，明確區分出了「近西班牙」與「遠西班牙」兩個空間。從這時開始，正如上段開頭所說的，前一九七年羅馬在伊比利半島設置了兩個行省。自此之後，被羅馬人統治的這個半島依照他們使用的拉丁語，有了「西班牙」（Hispania）這個名稱；而兩個行省則標記為近西班牙與遠西班牙。

話雖如此，在這個時間點要說行省是羅馬帝國的統治單位，是很困難的。首先，這兩個行省裡還沒有出現可以被稱為特定組織或制度的東西；還有，做為行省總督的政務官，行使職責常常超出自己負責的行省之外。也就是說，此時行省的界線還沒有像後世那麼分明。此外還有一點，在那以後，原住民對羅馬的抗爭更加激烈且一再發生。到前一三三年暫時平定之前，面對不時出現的原住民叛亂，羅馬的統帥們及元老院的對應方式與方針也一再改變，當中有現今被稱為「行政」的東西，也有全面完善的統治規畫，總而言之一言難盡。那麼，羅馬是何時、以及如何鎮壓西班牙原住民的叛亂，又是如何穩定統治他們呢？接下來終於要進入本章的核心了。

＊　半島東部沿岸及厄波羅河流域，約當伊比利亞人所在地。隨時間逐漸往西北擴展至凱爾特伊比利亞人所在地。

＊＊半島南部瓜達幾維河流域一帶，約當圖爾德泰尼族所在地。隨時間逐漸往北擴展至盧西塔尼亞人所在地。

3 西班牙戰爭

西元前二世紀前半的叛亂

關於西元前二世紀的西班牙，在同時代人波利比烏斯的文章中，幾乎沒留下什麼敘述。因此這裡不得不引用後來時期的史料。關於這個世紀的最初三十年左右，前一世紀末的羅馬人李維（Titus Livius）在其史書《羅馬建城以來的歷史》（*Ab urbe condita*，又譯羅馬史）有一定的詳細紀錄。根據他的記述，前一九七年，庫爾卡斯（Culchas）與魯克西尼烏斯（Luxinius）兩位原住民部落領袖反抗羅馬，沿岸的諸部落也群起響應，消息從遠西班牙行省傳到了羅馬元老院。而近西班牙行省也發生了羅馬軍被原住民打敗，擔任統帥的司法官陣亡的情形。

請回想一下庫爾卡斯這個名字，前面曾出現過。他是在伊利帕戰役與大西庇阿對戰過的人物，是凱爾特伊比利亞人部落中的一位領袖。他的部落在前二〇六年曾支持羅馬，卻在十年後趕走了羅馬。另一位部落領袖魯克西尼烏斯，據說是瓜達幾維河上游的部落領袖，所以大概是伊比利亞人。有這兩人的帶領，武裝起義的氣勢因而擴大。隔年，也就是前一九六年，瓜達幾維河流域的圖爾德泰尼族也興兵攻打近西班牙。

在記述前一九七年的事件始末時，李維反覆使用了「戰爭」這個詞。例如他曾說過以下這段話：「西班牙戰爭與布匿戰爭在同一個時間點結束，但五年後，西班牙戰爭再起」；又說「這是第一次，西班牙在沒有布匿人*與統帥的情況下，自己拿起武器……的戰爭」。李維這樣的敘述讓人覺得，比起他自己時代（那時羅馬帝國已經有二十個左右的行省）的行省民，他似乎更傾向把此時期的西班牙原住民視為是迦太基那樣的外國人。在這樣的狀況下，前一九五年，執政官老加圖（Marcus Porcius Cato，Cato the Elder）被派遣到近西班牙行省。

如前所述，執政官階級比司法官高，指揮的軍隊規模也更大。自前二一八年以來，時隔二十三年又有執政官被派遣到西班牙，可見羅馬元老院的重視。老加圖是前二世紀中葉元老院最具政治影響力的權威人物。此外，老加圖也因其守舊立場與強硬的對外態度而名留後世。不過，這位名氣甚高的人物在前一九五年那時，還沒有後來那樣堅若磐石的地位。出身義大利地方城鎮、離開族人到羅馬政界打拼的老加圖，並沒有羅馬政治人士所具備的家世與聲望，但他得到了羅馬貴族的眷顧，並靠著本身才華，終於爬到執政官的位子。

關於老加圖在西班牙的行動，首先值得注意的，便是他在行政方面的措施。他向厄波羅河流域的銀礦及鐵礦徵收稅金，但規模及程度為何不得而知，也可能只是臨時性的徵稅。但是，就羅馬開始搾取西班牙豐富的礦產資源這點來看，老加圖徵收銀、鐵礦稅一事意義非常重大。據李維的記述，老加圖向元老院報告西班牙有豐富的礦產，相信不只老加圖，元老院也同樣關心此消息。此外，史料上也有老加圖向居民直接徵稅的紀錄。整體來說，後世行省所具備的行政基本要素，是在老加圖就任時期導入的。

---

*羅馬對迦太基人的稱呼。

那麼軍事方面的措施又是如何呢。老加圖領軍抵達近西班牙時，前一年司法官已經平定了原住民的叛亂，也就是說叛亂已經告一段落了，基本上他已經沒有攻打原住民的必要。然而，他卻對圖爾德泰尼族發動了攻擊。這代表老加圖打算進軍遠西班牙。針對這一點，所謂的圖爾德泰尼族是一個模糊的概念，也有學者認為老加圖攻擊的是近西班牙境內的伊比利亞人，事實如何很難判斷。不過，如果老加圖真的進軍到遠西班牙，那就表示他跨足到不是他管轄的行省了。

另外，他對待近西班牙境內原住民的態度，與其說是為了羅馬，還不如說是為了他自己。他以極具威脅的口氣要求原住民解除武裝，凡是拒絕他要求的部落，城牆都會被拆掉。前一九四年，老加圖攻打北部凱爾特伊比利亞人的聚落，降服了周邊主要部落。在攻打過程中，老加圖數次運用詭計耍手段。譬如，伊勒格特斯族被敵對部落包圍攻打時，曾派遣使者向老加圖求援。他承諾派遣援兵，實際上卻沒有派兵援助，他的理由是：只要聽到羅馬軍要來了，敵人就會撤退了。還有，他對待叛逆部落時，會以該部落的敵對部落為餌，誘導該部落居民離開部落，然後趁機攻占。返國後的老加圖，向元老院誇口自己「平定了四百個西班牙城市，確立了當地的和平」。元老院認為老加圖有功，便為他舉辦了凱旋式。

然而必須說，老加圖所言其實是誇大其辭。因為他回國後不久，西班牙馬上又出現叛亂事件。

前一九四年，羅馬再度派遣兩位司法官到西班牙。這一年，應該已經被老加圖平定的近西班牙行省厄波羅河流域，當地的凱爾特伊比利亞人又發起抗爭。負責近西班牙的司法官獲得遠西班牙司法官西庇阿・納西卡（Publius Cornelius Scipio Nasica，前二一一年不幸敗亡的格奈烏斯之子）的支援，好不容易才鎮壓住凱爾特伊比利亞人的抗爭行動。但是遠西班牙也出現危機：盧西塔尼亞人入侵了遠西班牙。這個時期的羅馬雖然在伊比利半島設置了兩個行省，但實際上羅馬的勢力範圍仍只限定在半島南部及東部沿岸。這個時期的遠西班牙北部屬於「自治的伊比利亞人」，史料上也這樣說。從這塊未知地域過來的未知族群盧西塔尼亞人南下至瓜達幾維河流域，與羅馬軍隊爆發衝突。前一九四年，他們雖然被納西卡逼退回北部，但之後侵擾遠西班牙的行動並未停止。

羅馬人與西班牙原住民

如此這般，自前一九四年開始，羅馬與伊比利半島兩個行省的原住民的武力抗爭一直持續。司法官與他們率領的羅馬軍隊雖然常常打敗原住民，有時還會帶著大量的戰利品返回羅馬舉行凱旋式，但慘敗的情況也不是沒有，次數還不少。不管怎麼說，羅馬就是無法一次掃平西班牙的叛亂。

為什麼會這樣，理由很清楚。首先，羅馬總督要面對的並不是單一的原住民社會。在近西班牙，羅馬的主要敵人是凱爾特伊比利亞人，在遠西班牙則是盧西塔尼亞人。但不管是內部還是外部，他們都有著各種不同的小集團，全體原住民也沒有統一的目的與行動。這個時期的行省內部有不少個小世界。在這樣的狀態下，羅馬要針對誰、要怎麼做才能掃除半島上的「叛亂」，建立穩定的統治呢？

這跟第二個理由有關。尤其對盧西塔尼亞人更是如此，他們原本就是羅馬人勢力範圍外的族群。羅馬人對於勢力範圍外的族群，似乎希望像對瓜達幾維河流域的圖爾德泰尼族一樣，只要反抗羅馬就進行壓制。然而，在這個時期是不可能的。現實的情況是，盧西塔尼亞人雖然數度敗給羅馬，也暫時退回瓜達幾維河的北岸，但隔年便會捲土重來。北部的凱爾特伊比利亞人也是同樣的情況。這個時期的凱爾特伊比利亞人並未完全臣服於羅馬，有些部落甚至還沒接觸過羅馬人。要怎樣讓沒看過羅馬的部落臣服於羅馬呢？但對這個時期的羅馬人來說，這種沿襲自己的傳統生活方式去掠奪其他部落的行為，就叫做「叛亂」，因此要「鎮壓」。跟他們解釋是沒用的。

以上所說的是羅馬的情形。雖然設置行省了，卻還沒有明確的組織與制度。從老加圖與納西卡的例子就可以知道，當時兩個行省的分界還很模糊。另一方面，元老院在這個時期正全力關注地中海東部的戰爭。關於那邊的狀況，將在下一章敘述，不過相較之下，在元老院議員眼中，西班牙叛亂似乎不是和羅馬相關的重大課題。設置兩個行省，派遣司法官去管理，的確是建立統治架構沒錯，至於到了行省赴任後要直接面對的種種課題（主要是軍事上的），就只讓兩位總督相互合作去解決了。這就是當時西班牙行省的現實。

最後還有一點，一個從史料的字裡行間看得到的問題。史料上提及這個時期的西班牙原住民時，一律將他們描述成野蠻人，缺乏瞭解原住民固有文化與社會的態度。想來，前二世紀前期的羅馬人，也是如此輕蔑原住民的吧。從老加圖動不動就威脅、瞧不起原住民的行為，就能看出他對原住民的態度。其他司法官的態度和老加圖也沒什麼差別。然而就大局來看，這般想法對當時的羅馬來說絕對是有百害而無一利。如前所述，此時的伊比利半島上還有很多羅馬人所不知道的地域與人群。無視他們是怎麼樣的對手、具備著何種實力，只一概將其當成野蠻人去威脅、鎮壓，在這種狀態下要想突破對手，取得決定性勝利，恐怕很困難吧。

不過，這樣的狀態逐漸轉變。原先半島東南部的希臘人世界已漸漸變成羅馬統治下的世界，瓜達幾維河上游的伊比利亞人也漸漸不再反抗羅馬。前一七一年發生了一件事，更傳達出西班牙南部原住民與羅馬關係深化的訊息。這一年，生活在半島南部的四千多位代表，以使者的身分前往羅馬，他們是駐守在半島的羅馬士兵與當地原住民女性通婚生下的後代。因為羅馬公民與非羅馬公民結婚是不合法的，所以他們的後代不被承認具有羅馬公民權。不過，元老院為這些人在西班牙建立了一個城市卡爾提亞（Carteia，現今聖羅克），並給予他們拉丁公民權（相當於羅馬公民權）。布匿戰爭結束已經過了三十年，羅馬人與原住民也已經融合到了一定程度。此時在西班牙行省首次設置被認可具有合法權利的城市，對行省的統治體制來說，是至關重要的一件事。

在當時，卡爾提亞算是特例，其他聚落及城市都沒有被賦予法律地位。然而，羅馬統帥仍持續設立聚落。前一八九年，遠西班牙司法官盧基烏斯．埃米利烏斯．保盧斯（Lucius Aemilius Paulus Macedonicus）將土地分給半島南部的部分哈斯達（Hasta，現今赫雷斯一帶）居民設立聚落。稍後，前一六九年司法官馬庫斯．庫拉烏狄烏斯．馬克盧斯（Marcus Claudius Marcellus）也在遠西班牙建立了科爾杜瓦（Corduba，現今哥多華）。一些羅馬統帥們清楚知道與原住民交涉時，得在一定程度上考慮其利害關係。不過，比這個更進一步，提高並改善原住民地位，大幅改變羅馬與原住民關係的人，是前一八〇年近西班牙的司法官提比略．塞姆普羅尼烏斯．格拉古（Tiberius Sempronius Gracchus，又稱老提比略）。他與原住民締結了最初的條約。

格拉古體制

日本高中世界史課本介紹古羅馬時，一定會提到「格拉古兄弟改革」，這是一場影響羅馬共和制甚深的政治改革。而格拉古兄弟的父親，就是這位老提比略．格拉古。這位格拉古鎮壓了凱爾特伊比利亞人的叛亂後，與一個個部落各自締結了「細心制定條件」的和平條約。為了把凱爾特伊比利亞人當做「羅馬人的朋友」，據說雙方還起了誓。雖然具體的條文並未留存，但從一些片段訊息中可得知大致內容。譬如，老提比略將土地分配給凱爾特伊比利亞人的貧民；雖然禁止他們自己興建新的聚落，但似乎不禁止他們在既有的聚落建造城牆；老提比略也為他們制定了每年向羅馬繳稅及服兵役的制度。此外，老提比略的原住民政策似乎不限於凱爾特伊比利亞人；我們知道格拉古利（Gracurris）是他在凱爾特伊比利亞人分布區更後面的土地上建立的聚落。還有，瓜達幾維河流域也出土了與他所設聚落相關的銘文；如果這是真的，那麼老提比略的原住民政策不僅是不限於凱爾特伊比利亞人，更超越了行省的地理架構。是否西班牙全域的原住民都被授以相同條件，我們很難斷言。不過，老提比略的政策超越了部落、文化圈與地域，具有一定程度的普遍性，應該是沒有疑問的。

格拉古條約具有讓西班牙接近後世行省模式的決定性意義。羅馬對待原住民時，不再讓統帥們恣意而為，而是有一套規則可循。此外，羅馬也為原住民設立新聚落、分配土地，並允許他們防守自己的聚落。原住民成為「羅馬人的朋友」，安分地接受羅馬政務官的管轄，並依羅馬要求提交稅金，為羅馬上戰場。例如後面即將談到小西庇阿的努曼西亞戰爭，就有很多原住民加入羅馬軍隊。

更重要的是，此後格拉古條約被視為羅馬與西班牙原住民關係的基準，史料上也顯示這一點。這個條約出現後，雖然西班牙原住民的反抗情形並未完全消弭，但已經不再有前一五〇年左右（也就是近三十年前）那樣的大規模叛亂了。而且，前一五〇年之後的叛亂，原住民往往會感念老提比略當時的協商情形。不，不只是單純的感念，這個時期的羅馬與原住民雙方，為了結束戰爭，都是依循格拉古條約在進行交涉的。整體來看就如本章一開頭所說，做為帝國統治架構的行省機能，藉由格拉古體制的確立得以完備。

同時，格拉古體制也帶來了其他面向。那就是羅馬人的殘暴斂財。從這個時期開始，西班牙各地大範圍鑄造貨幣，其理由很可能是為了納稅。有了格拉古體制後，雖然不能像以前那樣，臨時要求或以強制手段來強奪財物，但反過來說卻是總督可以藉由徵稅的名義，更系統化地向行省居民掠取金錢、穀物、礦產資源和貴金屬等等。來自義大利、羅馬的包稅人參與了徵稅業務。羅馬當局也允許商人們在當地從事對自己有利的交易。就這樣，總督與他周圍的羅馬人、義大利人苛刻地剝削行省居民。

老提比略回國七年後，前一七一年，伊比利半島兩個行省主要部落的使者前往元老院請願，請求取締司法官的剝削行為，希望能獲得符合「羅馬人的朋友」的適當對待。於是元老院成立了調查司法官的特別委員會。即便調查結果判司法官無罪，但元老院鄭重接受了這樁訴訟。在此先解釋，前一四九年羅馬成立了「取締不當剝削行省常設法庭」。正如其名，這是為了追訴行省總督的不當剝削行為，在前二世紀唯一的常設法庭。促成該法庭設置的直接原因，是前一年西班牙兩個行省司法官對原住民的不當非法剝削所致。如上所述，格拉古體制成為統治西班牙的基準，但隨著這個和平穩定的統治體制逐漸強化，也帶來了行省總督的剝削與暴政等這些在後世羅馬帝國看得到的治理面向。

原住民是如何承受這樣的狀況呢？很遺憾的，關於老提比略之後的前一七〇年代與前一六〇年代的西班牙情況，可找到的史料非常少，一直要到前一五〇年代中葉之後，史料才又多了起來。但那時的西班牙比起前二世紀時更加動盪，原住民與羅馬人遍地開戰。

「盧西塔尼亞戰爭」與「凱爾特伊比利亞戰爭」

本章開頭介紹過，西元前二世紀中葉以後在西班牙越發熾盛的兩場叛亂，被後世的西班牙與葡萄牙歌頌為愛國與民族統一的象徵。這兩個基督教世界最大的擁護者，曾勇敢對抗鄂圖曼帝國，最早踏上大航海時代，曾受拿破崙侵略，或是好不容易恢復王政、卻又被英國與德國等列強壓迫——正是因為在那樣的祖國裡，有著一群為了祖國自由不惜捐軀的先烈，所以後世的人才如此自豪。尚無國家主權概念的古典時代西班牙原住民與羅馬的戰爭，以及近世、近代人所想的愛國戰爭，兩者不能等同視之。然而，當他們的榮耀與慘烈讓後世深深追思、長存記憶之際，這兩場激烈戰役也讓當時的羅馬吃盡了苦頭。

關於這個時期的歷史，李維的史書中只留下後人總結的「概要」。因此若要了解，只能仰賴西元二世紀希臘作家阿庇安（Appian）所寫的《羅馬史》（*Historia Romana*）殘篇〈伊比利亞戰史〉。然而，由於那是相當後世的著作，所以可信度並不高。但在搭配其他幾種史料後，還是可以一定程度上重現當時的樣貌。阿庇安稱前一五五年到前一三九年始於遠西班牙的戰爭為「盧西塔尼亞戰爭」，另外稱前一五三年到前一三三年始於近西班牙的戰爭為「凱爾特伊比利亞戰爭」。首先就以阿庇安的敘述為中心，簡單整理一下此時期的戰爭始末。

前一五五年，於遠西班牙再度南下的盧西塔尼亞人突破羅馬軍，殺了九千名士兵，還將奪走的羅馬軍隊武器與戰旗在凱爾特伊比利亞人的地盤四處傳遞。前一五三年，近西班牙凱爾特伊比利亞人的聚落塞格達（Segeda），居民為了興建圍牆一事與元老院對立，塞格達居民主張格拉古條約允許他們建設圍牆，但元老院不僅否決了這個主張，還反過來要塞格達居民遵守格拉古條約，叫他們繳稅並提供士兵。雙方協調破裂，於是元老院派遣了執政官昆圖斯・富爾威烏斯・諾比里歐（Quintus Fulvius Nobilior）帶領約三萬名士兵前往近西班牙，而塞格達居民則和其他凱爾特伊比利亞人部落固守另一聚落努曼西亞。從此直到前一三三年，努曼西亞成為凱爾特伊比利亞人的叛亂據點。

富爾威烏斯攻打努曼西亞的行動失敗了，但隔年也就是前一五二年，升任執政官的馬克盧斯打敗了凱爾特伊比利亞人。之後，馬克盧斯承諾要給凱爾特伊比利亞人和平，但因為元老院拒絕無條件歸降（deditio）以外的解決方案，馬克盧斯只得向努曼西亞取得「deditio」（關於「deditio」的意思，後面會詳細說明）。

儘管如此，前一五一年執政官盧基烏斯・李錫尼・盧庫魯斯（Lucius Licinius Lucullus）在沒有元老院的允許下，攻擊了凱爾特伊比利亞人的瓦卡耶族。他接著率軍前往遠西班牙，支援當地與盧西塔尼亞人苦戰的司法官塞爾維烏斯．思爾庇基烏斯．卡魯巴（Servius Sulpicius Galba）。卡魯巴後來誘騙盧西塔尼亞人會分配土地給他們，但命令他們放下武器後卻加以屠殺。

維里阿修斯是少數逃過大屠殺的其中一人，他後來率領盧西塔尼亞人在前一四六年打敗羅馬軍隊，控制遠西班牙的廣大區域。前一四五年，羅馬首次派遣執政官到遠西班牙，維里阿修斯被這位執政官昆圖斯．法比烏斯．馬克西姆斯．埃米利安努斯（Quintus Fabius Maximus Aemilianus）打敗了。但之後維里阿修斯聲勢再起，後繼來自羅馬的統帥們沒人能擊敗他。受到盧西塔尼亞人的鼓舞，凱爾特伊比利亞人再次於前一四三年以努曼西亞為據點起義對抗羅馬。然而，這次的起義被執政官昆圖斯．凱西里烏斯．梅特盧斯．馬其頓尼庫斯（Quintus Caecilius Metellus Macedonicus）鎮壓了。前一四二年，梅特盧斯承諾會保障凱爾特伊比利亞人所有部落的「羅馬人的朋友」同盟地位，交換條件是這些部落必須提供軍事物資與人質，並解除武裝。但努曼西亞拒絕解除武裝。此時元老院也宣示，結束戰爭的唯一條件，便是努曼西亞的「deditio」。

這一年，在遠西班牙，執政官昆圖斯．法比烏斯．馬克西姆斯．塞爾維利安努斯（Quintus Fabius Maximus Servilianus，前一四五年執政官的義弟）向維里阿修斯投降。維里阿修斯與塞爾維利安努斯締結條約，然後釋放了他與他的軍隊。據說這個條約的內容包括「承認盧西塔尼亞人的勢力範圍，承認維里阿修斯是羅馬人的朋友」。元老院似乎也接受了這個條約。但前一三九年執政官克奈烏斯．塞爾維利烏斯．卡埃皮奧（Gnaeus Servilius Caepio，前一四二年執政官的親弟）收買了維里阿修斯的身邊親信，將他暗殺，並把土地分配給其餘的盧西塔尼亞人。盧西塔尼亞戰爭至此終結。

至於另一邊，凱爾特伊比利亞戰爭還在持續。羅馬統帥們對努曼西亞的攻擊一直不見成效，前一三七年執政官蓋烏斯・霍斯蒂利烏斯・曼基努斯（Gaius Hostilius Mancinus）還不得不向努曼西亞投降。這時，能被努曼西亞所信任的羅馬交涉人物，只有提比略・塞姆普羅尼烏斯・格拉古（Tiberius Sempronius Gracchus）。這位提比略・格拉古是前一八〇年司法官老格拉古之子，也就是後來被稱為「格拉古兄弟」的哥哥。由於格拉古的斡旋，雙方締結了條約，羅馬統帥及兩萬名羅馬士兵都被釋放。不過，元老院卻不承認這個條約，還將曼基努斯交還給努曼西亞。

到了前一三四年，小西庇阿赴任近西班牙。擁有「當代第一將軍」之稱的小西庇阿部署了六萬名士兵，團團圍住努曼西亞的陣營，長達八個月左右。塞凡提斯的《努曼西亞》描述四千名遭圍城的居民因飢餓承受極大苦處，數度向小西庇阿拋出和平提議，但小西庇阿拒絕那些提議，只要求「deditio」。前一三三年六月，努曼西亞終於同意「deditio」。小西庇阿不等元老院指示，便一把火燒了努曼西亞，把居民當作奴隸賣掉。凱爾特伊比利亞戰爭至此結束，羅馬獲得最終勝利。

西班牙原住民的叛亂為何會在前二世紀中葉變得如此劇烈呢？原因應該跟羅馬與西班牙原住民之間關係的變化有關。為了瞭解羅馬帝國形成時期的狀況，一定要弄清楚這一點。很遺憾地，阿庇安等人的史料並沒有為我們說明這一點。關於這個問題的答案，只能從至此概觀到的始末中尋找新的線索，反覆推論。

圖 1-4　努曼西亞遺跡
右邊是復原的凱爾特伊比利亞人房舍。左邊是復原的羅馬時期房舍。
後方是二十世紀初立下的表彰碑。

4　羅馬帝國的統治與政治

西班牙的變化

首先來看看盧西塔尼亞人與凱爾特伊比利亞人相互聯絡這點。凱爾特伊比利亞人與其他西班牙原住民同時舉兵反抗羅馬的例子，在西元前二世紀前期就可看到了，但盧西塔尼亞人的叛亂跟他們較無關係。差不多到前二世紀中葉，遠西班牙行省的原住民們大致上都已平定。這個時期則是盧西塔尼亞人鼓勵近西班牙的凱爾特伊比利亞人與羅馬作戰。

與這一點相關且值得注意的，是前二世紀中葉被再三確認的格拉古條約內容。前面已經說過，格拉古體制是統治西班牙的基準。此時期土地分配與聚落建設之所以不斷被提起，似乎能稍加推論。前二世紀中葉叛亂問題的原因之一，是經濟上的困頓。這不單單是貧困的問題。請回想一下前一四九年設置「取締不當剝削行省常設法庭」這件事。這個法庭如同其名，是為了追訴行省總督的不當剝削行為，是前二世紀唯一的常設法庭。設置這個法庭的直接原因，

圖 1-5　叛亂當時的努曼西亞圍牆
依據考古學調查復原的建物。用石頭砌成，高約五公尺。

根據史料紀載，是肇因於卡魯巴與盧庫魯斯在西班牙的橫徵暴斂。然而在此背景之外，恐怕還有更深沉的原因。前一八〇年格拉古條約之後，羅馬對西班牙的剝削歷歷在目。一直到前二世紀中葉，原住民的生活日漸貧困，這當然更加深了他們的不滿。

不過在這個時期，總督的剝削之手應該還沒有伸向「自治的伊比利亞人」盧西塔尼亞人。盧西塔尼亞人和凱爾特伊比利亞人被放在不同的立場。史料上也看不出端倪顯示這兩者有共同目標：雖然說盧西塔尼亞人鼓勵了凱爾特伊比利亞人，卻沒有說他們並肩作戰。

只是，遠西班牙的穩定化，應該也是盧西塔尼亞人不易掠奪的原因。最明顯的事例，便是前一五〇年卡魯巴在屠殺盧西塔尼亞人前為了騙他們放下武器所說的謊言，他說「是土地貧瘠與極度窮困，才逼得你們做出這樣的行為（叛亂）」。此外前面也說過，維里阿修斯在打敗羅馬軍隊時提出的締結條約內容，裡面就包括要求羅馬承認盧西塔尼亞人擁有所占領的土地所有權。

前二世紀中葉時，與羅馬作戰的兩個原住民集團都很窮困。但理由恐怕並不相同，一個是因為羅馬總督的剝削，另一個是所在地難以掠奪。在這樣的情況下，兩個集團雖然有共同感受，也互相鼓勵，卻還不至於並肩作戰，這大概更接近實際的狀態。那時的原住民世界還沒有整合，但和以前比起來，似乎已經開始孕育出一定程度的共識，那就是在羅馬統治下自身傳統逐漸流失，生存更因此受到威脅的危機感。

而羅馬方面又是如何應對呢？此一時期羅馬對西班牙的處理，可以明顯看出元老院的積極參與。截至目前所見，一直到本世紀前期，羅馬在處理西班牙事務時，實際上全權交由當地統帥決定。不過，在這之後元老院逐漸想要掌控統帥的行動。元老院不允許統帥輕易與原住民締結和平條約，在凱爾特伊比利亞戰爭時甚至提出以「deditio」做為結束戰爭的唯一條件。

所謂的「deditio」，是指與羅馬交戰的國家或共同體無條件歸降，將自己全權交給羅馬處置，以結束戰爭。在前二世紀前期，據知羅馬方面從未向西班牙原住民要求過「deditio」。由此可見，元老院的積極參與，跟引入「deditio」一事應該有關。

提交出「deditio」的敵人，所有的一切都要服從羅馬。如字面上所示，「所有的一切」包括國家或共同體的神祇、土地、人民及所有物，通通要獻給羅馬。同樣地，構成國家或共同體內每個人的生命、身體、財產等等，也全部必須獻給羅馬。在這樣的情況下，羅馬也必須以本身的信義，來保護交出國家或共同體的對手。雖說如此，「deditio」仍是讓一個共同體及其成員失去法律自主性，這點是不變的。

為什麼元老院會在這個時期向凱爾特伊比利亞人要求「deditio」呢？史料中找不到類似「原因就是如此這般」這種讓人一看就懂的訊息。然而，元老院一次也沒有向盧西塔尼亞人要求過

「deditio」，這點或許可以成為線索。在羅馬人眼中，一直以來都是「自治的伊比利亞人」的盧西塔尼亞人並不是行省民。因此和以往一樣，雙方存在著交涉空間。譬如，元老院實際上承認了敗給維里阿修斯的塞爾維利安努斯締結的條約，之後也認可了負責近西班牙的統帥與維里阿修斯締結的新條約。

這跟元老院對曼基努斯在努曼西亞敗戰締約後的處理態度明顯不同。如此看來，向凱爾特伊比利亞人要求「deditio」的意義，就很清楚了。在元老院眼中，凱爾特伊比利亞人毫無疑問是羅馬統治下的行省民。對於不認清自己省民身分，膽敢抵抗羅馬政務官的，當然只能以軍事力量壓制，來顯示他們是不具有自主性的共同體。這大概就是元老院的態度。

自格拉古體制建立以來，約二十五年的時間裡成為固定制度，發揮其機能，並以此為前提，從中認知到產出經濟利益的可能。元老院對行省與行省民的認知，就是由此醞釀而成的吧？

至於凱爾特伊比利亞人的情況，又是如何呢？行省總督的剝削越來越嚴苛。以前也曾為了反抗剝削而起義過，最後也總會適度地和解，但這一次元老院的要求卻是「deditio」（也就是無條件歸降）。在這種情況下，凱爾特伊比利亞人自前一四二年起會走上徹底抗戰這條路，就不難理解了。

羅馬社會的變化

至此我們所見到的嶄新局面，也與羅馬社會內部的變化互相連動。若考慮當地統帥們的立場與作為，就能清楚瞭解這一點。在這個時期，他們對待原住民極為惡劣。這從加圖的時代就開始了，背後原因是羅馬人對原住民的蔑視，以及統帥們利用卑劣手段提升戰功、獲取政治利益的野心。

這樣的傾向在西元前二世紀中葉變得越發嚴重。前二世紀開始，羅馬在地中海各地發動對外戰爭，統帥們的重要性越發明顯，統帥間的競爭也跟著激烈化。不難理解，統帥們會不擇手段提升自己的軍功。對他們來說，西班牙到處都是絕佳的機會。在元老院對原住民的態度轉趨強硬後，統帥們更是肆無忌憚了。

但並不是所有的統帥都採取踐踏原住民的方式。像馬克盧斯，他一接獲元老院繼續戰爭的指示，便私下與努曼西亞的首領協商，約定以自身信義來保障他們的身家性命，並取得原住民的「deditio」。雖說「deditio」是將自己全權交由羅馬處置，但實際上，戰場的統帥對戰後處置有很大的影響力。馬克盧斯在取得原住民的「deditio」後，便承認努曼西亞原住民擁有格拉古體制下的相同處置。這個時期有好幾位統帥和馬克盧斯採取一樣的作法。

另外，有統帥跨越了行省邊界作戰，也有統帥超出了政務官制就任執政官。第二次布匿戰爭時曾出現逾越規定就任的政務官，這樣的特例此時又出現了。馬克盧斯是其中之一，小西庇阿也是。如此這般，此時期對付西班牙叛亂的具體方針與方法雖各有不同，但整體說來，打破以往政治慣例，不服從元老院指示的羅馬政治人士逐漸突出。

這不僅僅是個別統帥的問題。從更早之前就能看出，被派遣到西班牙的統帥們，彼此多半都有血緣關係。請大家回憶一下第二次布匿戰爭的老西庇阿兄弟及父子，在前二世紀中葉，像這樣的現象再次浮現。試著回頭看看之前提到的一些政務官吧（詳見五三頁世系圖）。前一四五年近西班牙執政官昆圖斯·法比烏斯·馬克西姆斯·埃米利安努斯，是小西庇阿的親哥哥。這對兄弟雖然分別成為法比烏斯家與西庇阿家的養子，但實際上都是盧基烏斯·埃米利烏斯·保盧斯的親生兒子。還記得這位保盧斯嗎？他是前一八九年的遠西班牙司法官。還有，前一四二年遠西班牙執政官昆圖斯·法比烏斯·馬克西姆斯·塞爾維利安努斯，是從塞爾維利烏斯·卡埃皮奧家族過繼到法比烏斯家族的養子，與小西庇阿的親哥哥同是法比烏斯家的養兄弟。前一四一年派人暗殺維里阿修斯的執政官克奈烏斯·塞爾維利烏斯·卡埃皮奧是他的親弟弟。此外，還有很多這裡沒有提及卻與小西庇阿交好的人物們，也是這個時期的統帥。不只西庇阿家族如此，還有前面說過的，與父親同名、締結了格拉古條約的提比略·格拉古，他也在前一三七年於西班牙從軍。這些在進軍海外的過程中以軍功鞏固政治權力的羅馬人，也透過與權貴家族的結合，進一步壟斷這股權力。

另一方面，被這樣的統帥們統率的公民也出現變化。前一五一年，因反對徵募士兵前往西班牙，在羅馬的公民發起了暴動。為了鎮壓暴動，執政官與護民官（tribune）發生衝突，彼此對立。護民官的職務是保護羅馬公民的利益，是為此而設的政務官。當時這場暴動甚至導致護民官將執政官關押起來。前一四〇年，元老院決議一年必須募兵一次，但前一三八年，護民官與執政官又因募兵問題產生對立，護民官再次囚禁執政官。在此之前，西班牙還有逃兵被公開施以鞭刑。

從羅馬被送到西班牙的士兵，平均要服六年的兵役。這對大半是農民的公民們來說簡直像是阻斷他們的生活。在羅馬公民眼中，西班牙的頻繁叛亂是無法根絕的負擔，因此對元老院將那樣的負擔加諸在自己身上感到強烈不滿。於是，一些能夠激發公民憤怒、進而展開政治行動的政治權貴便出現了。從前二世紀中葉起，反對元老院的護民官行動變得越發明顯。前面提到的格拉古兄弟，便是反對元老院意志斷然推動改革的護民官。雖然他們的改革跟西班牙叛亂沒有直接關係，但他們想拯救的對象，正是那些疲憊不堪的農民。

此時當然也有採取相反行動的人，執意募兵的執政官自是其中之一。前一五一年，原本預定前往馬其頓從軍的小西庇阿，突然希望改去西班牙從軍。這位當時才三十多歲、勇氣百倍的年輕人，一下子就在政界博得極高聲望。

西班牙叛亂成為改變元老院集體領導下的羅馬共和政體的引爆點。像小西庇阿與格拉古兄弟那樣的人物，在改變的潮流中崛起。他們獲得公民或羅馬軍的支持，企圖推行自己的目標政策，為了掌握權力而相互鬥爭。

帝國形成的旅程

回到西班牙的問題，重新回想一下到目前為止我們所敘述的有什麼意義。前二世紀中葉開始，叛亂的西班牙原住民與鎮壓叛亂的羅馬人之間，戰爭明顯比以前激烈了。這些叛亂與戰爭的背後因素，是羅馬的剝削、行省的概念、制度確立及隨後元老院強化行省統治方針、方針導致的原住民生活困窘及反抗羅馬，接著是渴求聲望的統帥與羅馬公民對元老院指導體制的極大反感。這些因素一環扣著一環。從第二次布匿戰爭的前三世紀末開始，到前二世紀中葉約六十年的時間裡，西班牙與羅馬已變化至此。

這樣看來，即便羅馬在前二一八年爆發的第二次布匿戰爭得勝，開始邁向帝國的形成，但很明顯地，這絕不是個簡單的過程。前二一八年羅馬進軍西班牙，前二〇六年開始統治西班牙，前一九七年在西班牙設置行省，然而做為帝國統治手段而設置的行省，基本特質卻一直沒確立下來。另一方面，原住民也不是都甘於當個行省民。他們各自的小世界很難被掃除，每個小世界也各自與羅馬對立。在那樣的狀態下持續推進，最終成為後世行省的模樣，那也是前二世紀中葉以後的事了。所謂「羅馬帝國的誕生」這個歷史的轉換期，實則花費了很長一段時間。我們應該瞭解，前二一八年只是這個轉換期的出發點。

不過，前二世紀中葉的兩大叛亂即便平息了，那時的西班牙也和後世的行省也不一樣。如我們所見，那時半島上的原住民世界並沒有被整合，盧西塔尼亞人後來仍數度興兵，前一〇三年的起義更是令人印象深刻。元老院在這個時候向盧西塔尼亞人要求了「deditio」。如果我們前面的推論正確，或許盧西塔尼亞人此時也被視為是行省民了。

不管是行省還是帝國，都是後來才逐漸跟上現實的概念。隨著這些概念形成，所謂「叛亂」與「deditio」的概念，其範圍應該也跟著改變。在前二世紀後期，元老院拿這樣的概念和前三世紀末時相比，體認到這個概念確實已更為堅固，便開始著手處理原住民問題。然而，和前一世紀比起來，此時的概念其實仍在確立中。

統帥們的態度也仍未確定。他們貪心地謀求聲望，為此常不惜發動毫無必要的戰爭。即便元老院加強介入，在進軍海外這件事上，當地統帥們的決定與作為仍舊扮演重要角色，這點並沒有改變。在這個時期，有的西班牙統帥想對原住民採取安撫路線，譬如前一五一年，元老院最終還是接受了馬克盧斯交涉來的「deditio」。至於另外一些，譬如前一三三年的小西庇阿，則不等元老院指示，即使努曼西亞已經交出了「deditio」，還是把它摧毀。此舉雖傷害元老院的權威，但小西庇阿仍堅持自己的信念而行動。在這些統帥當中有和元老院走相同路線但作法更加強硬的人，也有繼承格拉古（或許也可說是大西庇阿）那樣的安撫路線的人。這兩種人都會詢問元老院的意向，但都沒有乖乖遵循元老院的指示。

政治權貴懷著野心在當地的作為，不久後成了對共和政體本身的威脅，預告著即將在前一世紀爆發的西班牙叛亂。這個時期羅馬社會內部權力鬥爭，羅馬統帥為了對抗政敵與元老院，便以西班牙為據點發動叛變。與其說這時的西班牙行省是羅馬統治下原住民的叛亂舞台，還不如說是羅馬內亂下羅馬人互戰的舞台。尤利烏斯・凱撒（Gaius Iulius Caesar）的政敵龐培（Gnaeus Pompeius Magnus）的軍事據點在東地中海與西班牙。西元前四八年凱撒擊敗龐培，在羅馬建立了獨裁政權，羅馬的內亂終於落幕。但是，龐培的兩個兒子仍與凱撒對抗，他們在西班牙與凱撒的軍隊持續對峙到前四五年。

看了以上過程就可以明白，羅馬帝國的形成始於前三世紀末，而羅馬走上帝國之路，是前一世紀末的事情。

在前二世紀中葉，無論是支撐帝國體制的概念與配置，還是帝國內部的社會與政治體制等等，所有的一切都還在確立中。這個時期的羅馬與羅馬人、西班牙與西班牙原住民的關係及其內部狀況都非常變動，新的觀念與因為新觀念而造成的新局勢不斷產生，但早期的觀念與局勢也仍一定程度地保留，並未完全消失。西班牙行省逐漸地被帝國統合，帝國本身也逐漸地改變其實質內涵。

現在來稍稍俯瞰同一時期，地中海其他區域與羅馬之間是什麼樣的關係。此時，羅馬已經強勢統治了地中海其他區域。前一四六年，地表上有兩個城市消失，一個是希臘的科林斯，一個就是迦太基。這兩個城市都與羅馬交戰、戰敗，最後被毀滅。圍攻迦太基、讓居民陷於極度飢餓的羅馬統帥，就是小西庇阿。據說小西庇阿打敗迦太基後，不僅將五萬名迦太基人當做奴隸賣掉，還焚毀城市，並在地上撒鹽（這是獻給地下神祇的儀式，據信此後這個地方就不會再有生靈）。堅持與迦太基開戰並消滅迦太基的人，就是老加圖。而在老加圖主戰時同樣強烈主張保持迦太基生存權的人，是小西庇阿的親戚西庇阿．納西卡．科庫侖（Publius Cornelius Scipio Nasica Corculum）。這位納西卡是前二一一年於西班牙戰死的格奈烏斯．西庇阿的孫子。在羅馬的權貴中，即使是同一家族的人，在對外政策上也可能會有不同的思想或主張。在前二世紀中葉的此時，最後是強硬路線勝出。或許，那時的羅馬人已經決定踏出建立統一地中海世界的一步了吧。而那所謂的一步，大概就是在羅馬的信義下交出一切，則得以在羅馬的統治下繼續生存；反之，則必須從地表上消失吧。對此，自前二一八年起在西班牙展開的那場統治「實驗」未必沒有起到作用；然而西班牙的統治，也未必沒有受其他地區統治方針的影響。

圖 1-6　哈德良時期建造的伊大利卡圓形競技場

西班牙的後續情況

在經過漫長觀察、俯瞰過羅馬帝國形成時期西班牙的經歷後，最後想簡單做個回顧，以此為本章作結。雖然西元前一世紀之後，西班牙原住民的起義行動消失了，但上個世紀的戰火仍炙熱地延燒著，羅馬在這段時間持續進軍伊比利半島西北部。西元前一九年，羅馬終於統治了整個半島，並將伊比利半島重新劃分為三個行省。從前二一八年到此時，已歷經了兩百年的歲月，而羅馬的政體也從共和制轉為奧古斯都（Augustus）的元首制（帝國初期）。

在帝國初期，已全面被羅馬帝國統治的西班牙堪稱安定。本章一開頭所提到的行省民地位，到了元首制時期本質依舊沒變；在羅馬帝國的時代，西班牙的行省民們仍然是被統治者。

但另一方面，羅馬帝國的皇帝們也盡力在西班牙進行各方面的開發與建設。城市一個個設立，各項

基礎建設也在興建中。著名的塞哥維亞水道橋就是其中一例。以這些城市為中心，原住民羅馬化了（關於羅馬化，將在第三章詳細說明）。據說凱爾特伊比利亞人在帝國初期，就被稱為「穿著托加的人們」（togatoi，持有羅馬文化之意）。先是有幾個城市被賦予拉丁權，之後又有幾個城市被賦予羅馬公民權。努曼西亞也被重建起來，並在一世紀後期獲得羅馬公民權。

城市周邊的廣大農村蓋起了農舍（莊園），也出現了中小規模的農業經營。這些經營者有來自羅馬與義大利半島的移民，也有當地的居民。

來自城市與農村的產品輸出到行省之外的商業活動逐漸活絡。像前面說的，伊比利半島上豐富的各類礦產資源，包括金、銀、銅、鉛等礦山被大規模開採輸出。另外，堅固又漂亮的羅馬陶器（terra sigillata，又稱紅精陶器）也是在西班牙生產、輸出的。至於農業方面，伊比利半島以輸出穀物聞名，但除了穀物，還有紅酒、橄欖油等產品。擁有濱臨大西洋的優勢，漁產與漁產品（特別是魚醬）也成了西班牙的名產。這些產品被輸出到南法、北非、義大利，甚至到亞得里亞海東岸與亞歷山卓港。從事產品生產、輸送、販賣的人們有羅馬人、義大利人，還有行省民。

西班牙成為帝國屈指可數的富饒行省，政治地位也逐步上升。一部分的行省民以個人為單位，或以共同體及城市為單位，由羅馬的權貴庇護，接受他們的各種幫助。而總督及其他政府官員——來自羅馬、管理西班牙的權貴人士——也相對地獲得原住民的協助，彰顯其政績。這些政績有助於他們返回羅馬後獲得更高的政治地位。現今馬德里等各地的考古學博物館，可以看到很多顯示這類關係的銘文。

與羅馬人合作的行省民精英分子，會擔任地方城市官員或參議員，負責城市自治。這些人當中有人取得了羅馬公民權，還有人甚至進入羅馬政界。幾百年前的老加圖似乎就是如此，首先便是要得到羅馬人的提拔。不過，也有人在就任政務官後成為元老院議員，獲得皇帝的信任，甚至有人當上了皇帝。羅馬帝國全盛時期的五位羅馬皇帝（也就是所謂的五賢帝），其中第二位皇帝圖拉真（Traianus）就出身西班牙的伊大利卡。伊大利卡是大西庇阿在前二〇六年為安置傷兵而設立的聚落，最後卻出了一位皇帝。繼承圖拉真的哈德良（Hadrian）也是，他是與伊大利卡有著深厚關係的西班牙出身者。哈德良將伊大利卡升格為殖民地，大規模整建擴充。西班牙在前二一八年初次接觸羅馬，在前二世紀持續與羅馬交戰，卻在羅馬帝國的全盛時期成了最具羅馬特色、最繁榮的羅馬行省。

圖 1-7
塞哥維亞的
鹹水養魚場遺跡

圖 1-8　塞哥維亞水道橋
前一世紀建造，是將近三十公尺
高的羅馬式建築。

迦太基必須毀滅

老加圖是羅馬共和時期的政治權貴，一直以來都強力主張跟迦太基開戰。西元前一九五年時還只是個政治新秀的他，到了前二世紀中葉，已經成為元老院最具影響力的政治人物了。這時的老加圖每次演講到最後總會加上一句「迦太基應該毀滅」（Carthago delenda est），做為結束。但從現代的角度看，「迦太基應該毀滅」（is to be）這句話原文如果翻譯成「迦太基必須毀滅」（must be），或許會更恰當。「必須」的詞意表現，似乎更能讓人感受到老加圖想毀滅迦太基的強烈意志。

遂行老加圖的意願，迦太基與羅馬在前一四九年展開了第三次布匿戰爭。在進入第三次戰爭前，迦太基方面為了避免戰爭，可以說施展了各種手段；相對地，羅馬方面卻是想盡各種不講理的方式施壓。迦太基終於被「欺負」到忍無可忍。第三次布匿戰爭一戰就是三年，最後迦太基落敗。據傳在小西庇阿毀滅性的破壞與屠殺下，迦太基完全滅亡。老加圖的執念終於實現。

前一四六年，做為國家的迦太基就這樣消失了。羅馬破壞了迦太基城，在非洲北岸的迦太基人勢力圈（現今突尼西亞的大半）設置了阿非利加行省。這是繼伊比利半島設置兩個西班牙行省後的行省設置。和西班牙不同，阿非利加行省沒有發生重大的叛亂情形，很快就羅馬化。而迦太基城本身也在被破壞殆盡後約百年，因為凱撒與奧古斯都的重建而復活了。然而，新的迦太基城的居民，是來自羅馬城等地的義大利移民。新的迦太基城完全具備了羅馬城市的特徵。以前的迦太基所擁有的文化及生活樣式，可以說已經消失無蹤了。阿非利加行省經濟繁榮，新的迦太基城更是其中之最。不過，有學者指出「迦太基城的重建正是迦太基的結束」，這種看法是正確的。羅馬用這樣的方式，把曾經的仇敵迦太基人統合到帝國之中。

然而，殘留在地中海世界的迦太基文化的影響力並沒有消失。連羅馬本身也受到一部分迦太基文化的影響。其中不可忘記，迦太基人在地中海西部建立的霸權形態，對帝國形成時期的羅馬人來說是一個範本。前三世紀末以前的羅馬沒有海外統治經驗，也不知道要如何統治。這樣的羅馬人在一百年之間，確立了以線狀連結羅馬城與地中海各地的統治形態。在羅馬之前，只有迦太基成功在地中海世界建立過此種統治形態，不少學者甚至稱之為「迦太基帝國」。當然，這兩個「帝國」不能單純地重疊類比。然而，如果說迦太基是羅馬帝國的範本，那麼羅馬人高喊「迦太基應該毀滅」，就是一種「弒親」的行為了。儘管如此，做為帝國的本質，或許迦太基一直存在於羅馬帝國的內在。

第二章　即將滅亡的希臘化世界

藤井　崇

1　安條克三世時代的希臘化世界

競爭的王國

西元前二二〇年年初，塞琉古王朝國王安條克三世（Antiochus III the Great，前二二三～前一八七年在位）人在美索不達米亞北部的安條克。這座位於現今敘利亞與土耳其邊境的城市，原本為戰略重地尼西比斯，經塞琉古王朝建立者塞琉古一世（Seleucus I Nicator，勝利者）整頓為希臘化城市。年輕的安條克在王兄塞琉古三世遭暗殺後登上王位，但他即位不久，王國東部諸行省總督莫倫（Molon）因王位繼承問題起兵叛亂，安條克於是踏上遠征之途。前二二一年年末，他的軍隊駐紮在安條克過冬（波利比烏斯，《歷史》第五書，五一．一～二）。

當時的安條克剛滿二十歲。他恐怕怎麼也想不到，約莫三十年後的前一八九年，自己將在馬格尼西亞與羅馬帝國發生衝突；約一百六十年後的前六四年，塞琉古王朝更將因龐培而解體，成為羅馬的行省。那麼，在前二二〇年的安條克雙眼所見、以他為要角活躍其中的希臘化世界，是個什麼

圖 2-1　安條克三世肖像
西元前 200 年左右的原作複製品。頭上繫著象徵希臘化時代王權的細帶（diadema），表情強調國王身為嚴厲軍事指揮官的一面。藏於羅浮宮美術館。

樣的世界呢？

前三二三年，亞歷山大大帝於巴比倫驟逝，他麾下的將領與總督們——也就是所謂的繼業者們（diadochi，即繼承人）相互奪權，儘可能把從巴爾幹到印度的帝國領土納為己有。繼業者之間的合縱連橫與局勢變化甚為複雜，為波利比烏斯《歷史》一書留下大量註釋而聞名的英國希臘化時代史學者沃爾班克（Frank W. Walbank），就把始於前三二三年的繼業者戰爭大致劃分為以下兩個階段。

第一階段自前三二三年至前三二〇年。此時期的特徵是亞歷山大帝國千人指揮官（chiliarch，古希臘軍階，實際上的第二號人物）佩爾狄卡斯（Peridccas）的圖謀及挫敗。佩爾狄卡斯成為被視為亞歷山大大帝繼承人的腓力三世（大帝的兄弟）與亞歷山大四世（大帝的兒子）的監護人，手握大權。但奉亞歷山大之令代管馬其頓的安提帕特（Antipater）、握有小亞細亞的安提哥納斯一世*（Antigonus I Monophthalmus，獨眼）、統治愛琴海北岸色雷斯地區的利西馬科斯（Lysimachus），和控制埃及的托勒密一世（Ptolemy I Soter，救世主）等繼業者們都反對佩爾狄卡斯。佩爾狄卡斯最後在埃及因軍隊叛亂被殺害。

第二階段自前三二〇至前三〇一年。此時期以安提哥納斯一世和其子德米特里一世（Demetrius I Poliorcetes，圍城者）的霸業與失敗為中心。安提哥納斯曾經控制亞歷山大帝國的大部分領土，但前三〇一年，他在弗里吉亞（位於小亞細亞內陸）的伊普蘇斯戰役敗給了利西馬科斯，以及亞歷山大精銳近衛部隊的指揮官、建立了塞琉古王朝的塞琉古，安提哥納斯也就此身亡。就希臘化世界形成的角度而言，下面這點尤其重要：繼業者戰爭第二階段及其後的二十年左右，繼業者之間統一亞歷山大帝國的大義不再，紛紛於各地建立自己的王朝。前三〇六年到前三〇四年間，安提哥納斯、托勒密和塞琉古各自稱王。之後，安提哥王朝以馬其頓、托勒密王朝以埃及、塞琉古王朝以敘利亞、美索不達米亞和伊朗為基礎，經營各自的王國。

簡單整理一下這三個主要的希臘化時代王朝特徵。首先是安提哥王朝。安提哥王朝是以希臘北部馬其頓為根據地的軍事國家，依存於馬其頓精英階層與腓力比、卡山德利亞、佩拉等各城市之間，在苦心防衛北方與西方外族的同時，也深入經營色薩利與希臘南部等城市，對愛琴海與小亞細亞有一定程度的影響力。再來是托勒密王朝，這個王朝以尼羅河流域為基礎，觸及的統治疆域非常遼闊，包括利比亞、昔蘭尼加、賽普勒斯、敘利亞南部、小亞細亞、愛琴海島嶼，甚至到色雷斯一

＊另一個較常見之譯名為安提柯一世，王朝名則為安提柯王朝（Antigonid dynasty），本處採貼近原音的譯名，特此說明。

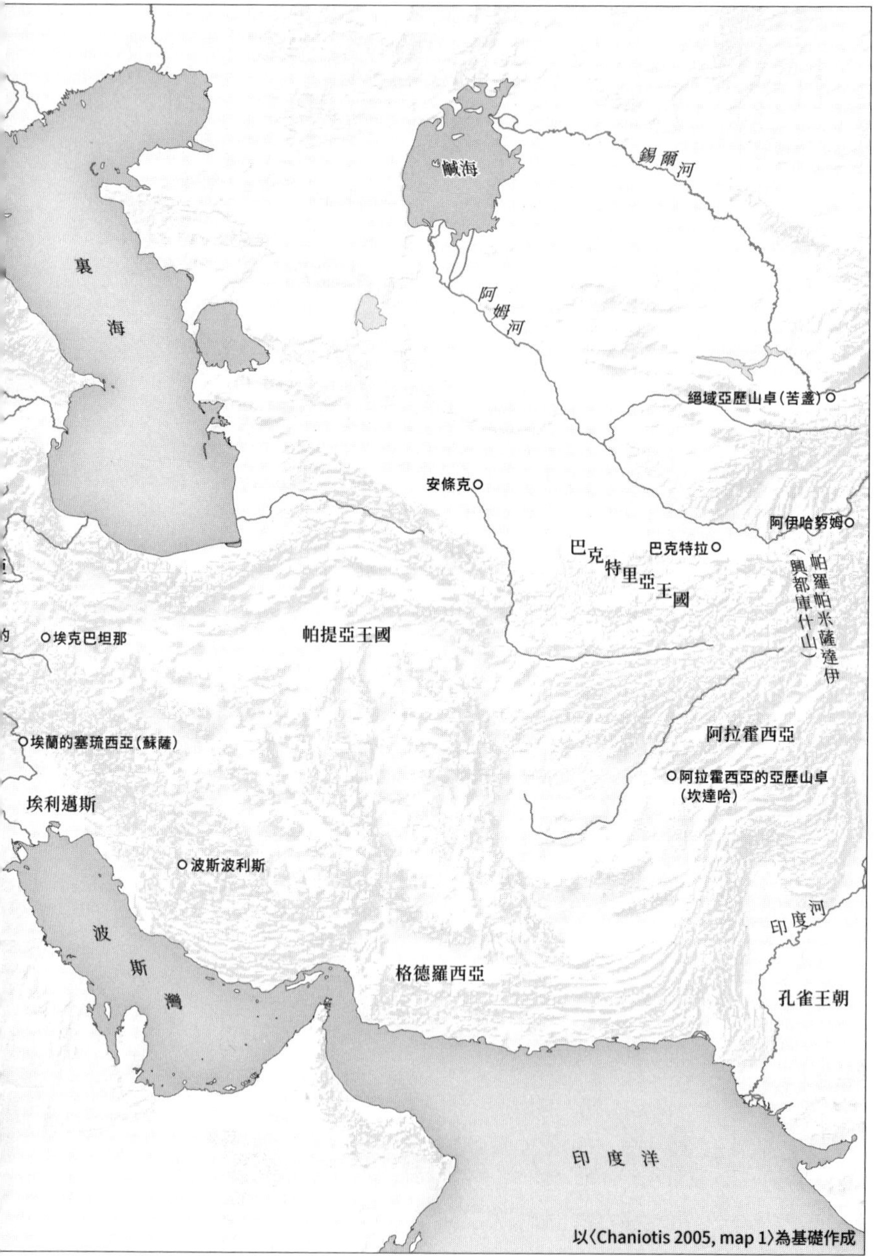

鹹海
錫爾河
裏
海
阿
姆
河
絕域亞歷山卓（苦盞）
安條克
阿伊哈努姆
巴克特拉
巴克特里亞王國
帕羅帕米薩達伊
（興都庫什山）
埃克巴坦那
帕提亞王國
埃蘭的塞琉西亞（蘇薩）
阿拉霍西亞
阿拉霍西亞的亞歷山卓
（坎達哈）
埃利邁斯
波斯波利斯
印度河
波
斯
灣
格德羅西亞
孔雀王朝
印度洋
以〈Chaniotis 2005, map 1〉為基礎作成

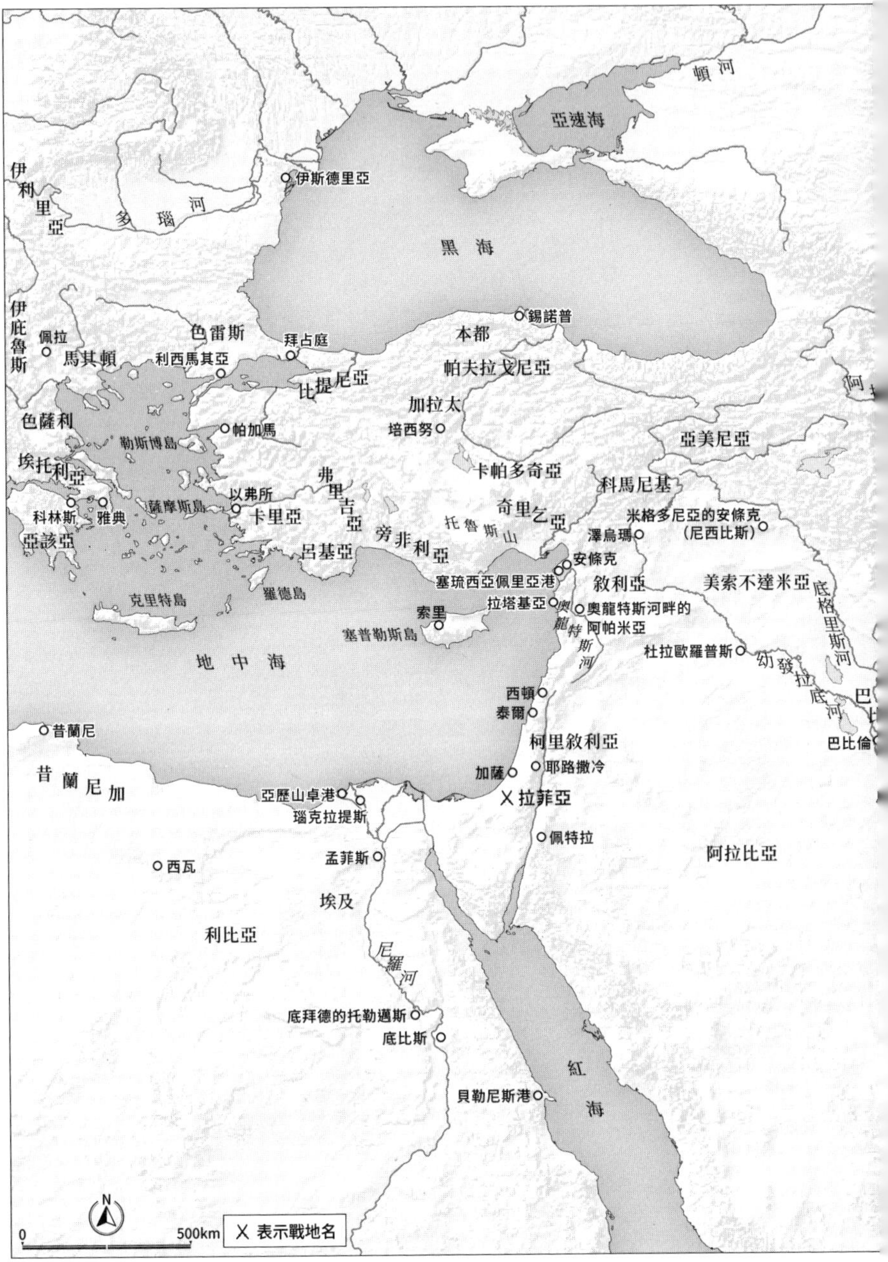

頓河
亞速海
伊斯德里亞
伊利里亞
多瑙河
黑海
錫諾普
伊庇魯斯
佩拉
馬其頓
色雷斯
拜占庭
本都
利西馬其亞
帕夫拉戈尼亞
比提尼亞
加拉太
色薩利
帕加馬
培西努
亞美尼亞
勒斯博島
埃托利亞
卡帕多奇亞
弗里吉亞
以弗所
科馬尼基
科林斯
雅典
薩摩斯島
卡里亞
奇里乞亞
米格多尼亞的安條克
（尼西比斯）
亞該亞
托魯斯山
澤烏瑪
旁非利亞
呂基亞
安條克
塞琉西亞佩里亞港
敘利亞
美索不達米亞
克里特島
羅德島
拉塔基亞
奧龍特斯河畔的
阿帕米亞
奧龍特斯河
底格里斯河
索里
塞普勒斯島
杜拉歐羅普斯
地中海
幼發拉底河
西頓
泰爾
昔蘭尼
柯里敘利亞
巴比倫
昔蘭尼加
加薩
耶路撒冷
亞歷山卓港
拉菲亞
瑙克拉提斯
佩特拉
孟菲斯
西瓦
阿拉比亞
埃及
利比亞
尼羅河
底拜德的托勒邁斯
底比斯
紅海
貝勒尼斯港
N
0
500km
X 表示戰地名

希臘化時代的世界

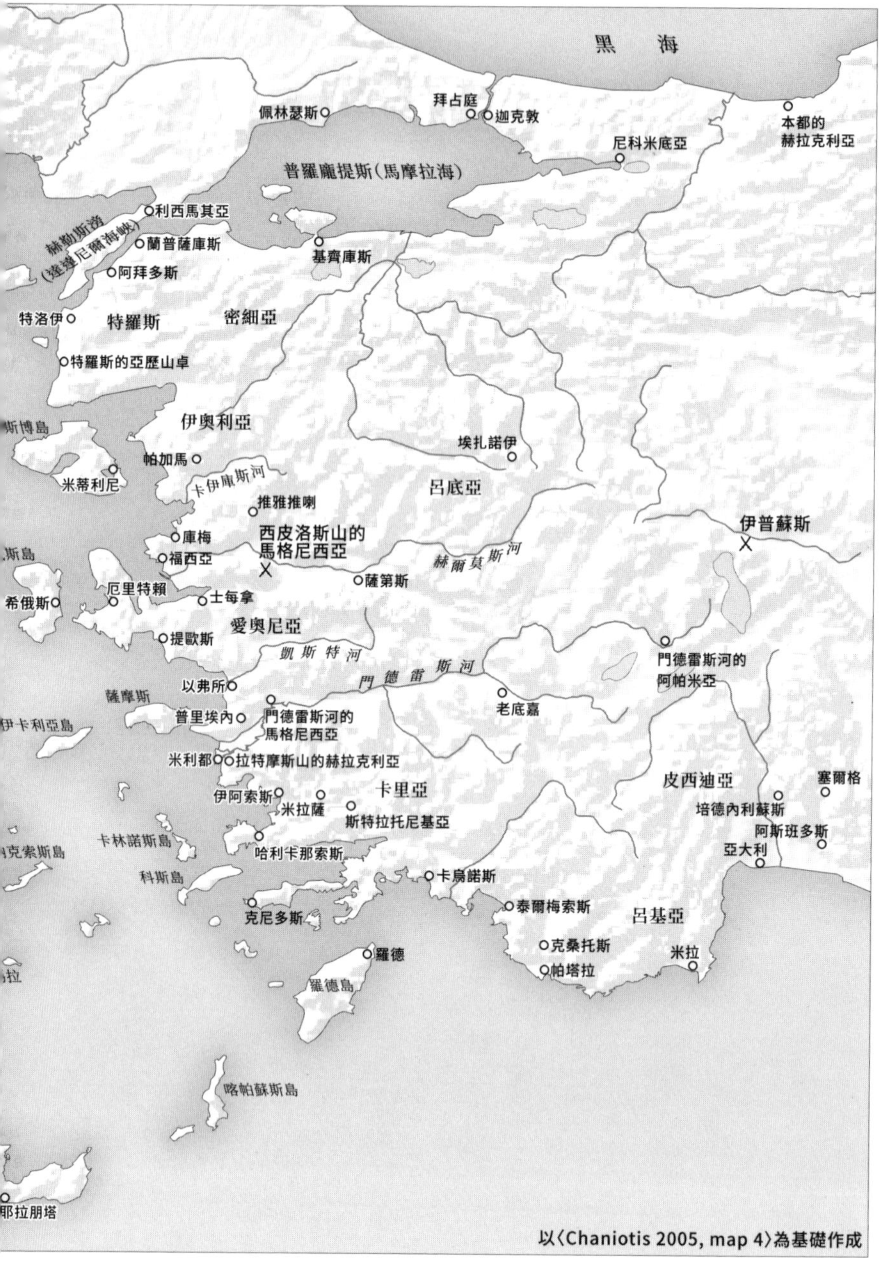

以〈Chaniotis 2005, map 4〉為基礎作成

希臘本土、愛琴海島嶼、小亞細亞

帶。尤其為爭奪柯里敘利亞（意思是「敘利亞山谷」，當時對敘利亞地區的稱呼）與接下來將提到的塞琉古王朝一再交戰。托勒密王朝統治者希臘馬其頓人和被統治的當地埃及人相較，可說是絕對的少數族群（據推算僅占全埃及總人口的百分之十至十五左右）。他們靠著嚴謹的官僚體制、有系統的徵稅制度及獨特的貨幣經濟而得以富強，在經營地中海首屈一指的城市亞歷山卓港時盡顯其能。最後，在塞琉古一世的征討下，統轄範圍涵蓋小亞細亞沿岸與東南部、敘利亞、巴比倫尼亞、伊朗等地的塞琉古王朝，則是個靠不斷遠征與移動王權來支撐的國家。由於統治地區的政治文化傳統極為多元，使得塞琉古王朝的國王必須彈性對待以小亞細亞沿岸為中心的希臘城市、巴比倫尼亞人，與波斯人、猶太人的共同體。此外，塞琉古王朝熱衷於軍事移民與建設城市，前述米格多尼亞的安條克、奧龍特斯河畔的阿帕米亞、底格里斯河畔的塞琉西亞等等都是重要城市。

以上是稱霸希臘化世界的三個主要王國。其他還有帕加馬王國、小亞細亞的比提尼亞王朝與本都王國、西邊的西西里王國等大小不一的王國。由於亞歷山大大帝的遠征讓波斯帝國瓦解，其後自己的帝國也分裂，造成東地中海與近東地區成為一個多王國相互競爭的空間。

那麼，如此這般的希臘化諸王國的統治實態，又是如何呢？本書提及的「歷史的轉換期」是前二二〇年，那就讓我們追溯生活在那個時期的安條克三世之經歷，來具體審視當時王權的各個面向吧。

戰爭之王

如開頭所述，前二二三年即位的安條克三世，得面對握有王位繼承權的東部行省總督莫倫的叛亂；另外還被迫處理以小亞細亞城市薩第斯為據點，以繼任塞琉古三世為由僭位的阿凱爾斯（Achaeus，曾是安條克三世的副手）叛亂；再者，又因柯里敘利亞統治權而開啟與埃及托勒密王朝的戰端。若單就結果來看，這場與托勒密王朝的戰爭是安條克三世敗北，但在形容決定戰局成敗的拉菲亞戰役（前二一七年）時，歷史學家波利比烏斯是這樣說的：「能動員治下多民族兵力的安條克三世，以偉大的指揮官之姿，浮上歷史的舞台（波利比烏斯，《歷史》第五書．七九）。」該場戰役動員來自色雷斯、小亞細亞及近東地區的各族士兵，再加上馬其頓軍人與希臘諸城市的傭兵，彷彿在戰場上重現了整個王國。直至希臘化時代才開始被希臘人用於戰爭的大象，不僅起了很大的作用，還意味著希臘化時代王國的擴展跨越了地中海世界。波利比烏斯如此敘述：「托勒密王朝的隨軍非洲象，被塞琉古王朝印度象的咆哮與氣味所震懾（波利比烏斯，《歷史》第五書．八四）。」如日本知名希臘化時代歷史學者大戶千之所述，拉菲亞戰役的塞琉古王朝軍隊組成來源並非統治區域內的制度性徵兵，而是多半仰賴希臘城市與小亞細亞及近東地區的傭兵，所以不應將拉菲亞戰役的軍隊陣容逕自類比為安條克三世的王國統治實貌。然而，利用王權直接統治，驅動各民族間的網絡，並運用財力來集結大軍，安條克三世成功扮演了王國偉大指揮官的角色，這是無法否定的事實。

圖 2-2　歐克拉提德（Eucratides）的四德拉克馬（tetradrachm, 4 drachms）銀幣

正面（上）是持著長槍，頭戴馬其頓風騎兵頭盔的歐克拉提德。背面（下）刻印的文字是「歐克拉提德大帝」。

安條克三世不僅是指揮官，他也是不顧自身安危、勇於衝鋒陷陣的戰士。前二一三年，安條克三世討平於薩第斯稱王的阿凱爾斯，隔年以再征服王國東部舊屬地為目標，果斷地展開東征（Anabasis）。他成功收復科馬尼基與亞美尼亞，讓帕提亞王國與巴克特里亞王國承認塞琉古為宗主國，此外更與印度孔雀王朝重新締結友好條約，並獲贈不少印度象。這些遠征成果也讓安條克三世獲得了「大帝」（the Great）的尊稱。根據波利比烏斯的記述，在這一次的遠征中，安條克三世與巴克特里亞的歐西德墨斯一世軍隊戰鬥，雖被擊落牙齒，但他仍在最前線奮戰，成功建立其英勇君王的名聲（波利比烏斯，《歷史》第十書．四九）。

根據以多數古典著作為基礎、編纂於十世紀末的百科全書《蘇達辭書》（*The Suda*）中的定義，君權並非上天或法律賦予，而是來自能夠指揮軍隊與處理政務的統率能力。研究希臘化時代的歷史學者安傑羅斯．查尼歐提斯（Angelos Chaniotis）表示，這個定義明確表現出希臘化時代諸王的性格。君王們必須指揮軍隊，有時也親自站在前線，保護承自父祖那一代的土地、收復失土並取得新領土。所謂「王」*的稱號，並不像「馬其頓之王」的王那樣限定於民族與地域，這個「王」（巴西琉斯）能夠無限制地追求領土的擴大，暗示希臘化時代的王權具有好戰性格。王朝的領土是「用長槍贏來的土地」，「王」為了維持領土與發展，不僅必須是有能力的指揮官，還必須是個戰士。以勇武的男性裸體雕像呈現手持長槍統治者的「浴場的統治者」塑像，與希臘巴克特里亞王朝末期國王歐克拉提德的貨幣，都在視覺上展現了王的好戰性格。安條克三世的奮戰，即是希臘化時代王權的傳統。

當然，這種君王的好戰性，必然會對生活在希臘化時代的人們產生重大影響。接下來就來看看其中一項影響：戰爭帶來的經濟損失。關於安條克三世的上上代國王——塞琉古二世（Seleucus II Callinicus，凱旋者）與托勒密三世（Ptolemy III Euergetes，施惠者）之間的第三次敘利亞戰爭，勝出的托勒密三世據說獲得了四萬銀塔蘭同（talentum，古代中東和希臘羅馬世界使用的質量單位。一塔蘭同以阿提卡和尤比亞島的標準換算，相當於現在的二五．八六公斤）。以穩固財政基礎而自豪的托勒密二世時期的埃及收入，若不列入穀物計算，一年約為一萬四八〇〇銀塔蘭同，可見這場戰爭的收穫相當豐碩。希臘化時代君王之所以發動戰爭，目的自然是從中取得經濟利益，但相對地也會給對手帶來巨大經濟損失。

* 巴西琉斯（Basiléus），希臘語中對君王的稱謂之一。

圖 2-3　「浴場（Thermae）的統治者」 前三世紀至前二世紀青銅像。銅像表現的不是特定人物，但強調肌肉的裸體像和拿著長槍的姿態，一般認為是在表現希臘化時代國王的超人性與武斷性格。
藏於羅馬國立博物館（部分建築原址為戴克里先浴場，現名馬西莫浴場宮）。

交涉之王

除了戰爭之王的角色，安條克三世讓人更感興趣的，是和臣民交涉時的交涉之王角色。約翰・馬（John Ma）是研究希臘化時代王權的重要學者，他強調希臘化時代王朝的君王（尤其是統治著擁有各種政治文化背景人們的塞琉古王朝君王）會融合臣民的制度與風俗，像變色龍一樣改變自己的統治方式。對於埃及與巴比倫尼亞等具備特有傳統王權與宗教觀的統治區域時，君王們即使堅持來自希臘馬其頓的統治意識，但在展示王權時亦會表現出柔軟態度。例如安條克圓柱（Antiochus cylinder）上的楔形文字便記載著安條克一世以巴比倫尼亞王的身分，以親自揉搓的紅磚重建獻給巴比倫近郊納布*的艾吉塔神殿（Austin, no.166，參閱一四八頁的銘文史料縮寫。以下同）。此外，做為繼承巴比倫尼亞王權的統治者，安條克三世也承襲了新巴比倫國王尼布甲尼撒的斗篷。至於埃及，自亞歷山大大帝於遠征途中造訪西瓦綠洲阿蒙神廟，接受其為阿蒙之子的神諭後，托勒密王朝歷代君王便接納了包含埃及宗教與法老的王權觀，並盡其所用來彰顯自身王權。日本滋賀縣美秀美術館（Miho Museum）所收藏的阿爾西諾伊二世雕像，就是很好的例子。

但從談判的角度來看，保存得最豐富詳細的史料，是希臘化時代君王與希臘城市的談判資料。為了更深入理解西元前二二〇年的希臘化時代王權，在此將以安條克三世為中心來審視君王與希臘城市的交涉談判實例。關於這一點，前面曾多次引用的波利比烏斯《歷史》中亦留下了重要的證詞；交互比對文獻史料，來探討這些被刻在石頭上的碑文，是必要且不可或缺的。

所謂君王與城市的交涉，是指君王對城市的命令、自由與自治的認可、顯示君王恩澤的書信，以及城市訂定君王之頭銜、奉獻、立像等決議。基本上是以文書往來的方式進行，但其中有部分被刻在石頭上而得以永存，流傳至今。例如安條克三世與小亞細亞希臘城市之間的交涉，被辨認出來的相關碑文就有五十多個。

前二〇五年左右，自東方遠征歸來的安條克三世，在小亞細亞展開了征服行動。位於此地區的

---

* Nabu，亞述與巴比倫尼亞的智慧與寫作之神。

希臘城市提歐斯（Teos）便出土了安條克三世與城市間交涉相關的長篇碑文。在這篇記載提歐斯市決議的銘文中，安條克三世不是戰爭之王，而是與城市進行談判、施予恩賜的王：

> ……他〔安條克三世〕決定給所有的希臘城市，尤其是我們的城市〔提歐斯〕共通的恩澤……他〔安條克三世進入提歐斯〕出現在公民大會上，親自承認城市及其郊外的神聖不可侵犯性，無需負擔納貢的義務，並答應將我們從阿塔羅斯王施加的其他負擔中解放。改善城市狀態的王，應接受公民的「恩賜者」及「行善者」的頭銜。王與其友人及所率領軍隊駐留城市，以偉大的風範，向所有人展現了他的誠懇……（Austin, no.191）

對於提歐斯的來使，安條克三世一再保證會永遠解放來自阿塔羅斯王的負擔。王妃勞迪絲十分贊同賜與提歐斯恩澤，也跟著被稱揚。

從這個例子中可看出，實際上希臘化時代的君王們對以武力等手段所取得的城市，除了免其納貢、承認其自治與自由、不設駐軍，還提供種種政治、軍事和財政上的援助。而安條克三世選擇在城市決議機關之一的公民大會上發表宣言，也可看出君王對城市民主體制展現最大程度的尊重。自治的守護者及城市的施恩者，這些希臘化時代的王權特徵早在繼業者戰爭時期已出現，譬如安提哥納斯一世在與卡山德（Cassander，安提帕特之子）對抗時，就曾宣布希臘人應在無駐軍的情況下享有自治。這種希臘化時代的王權模式也一直延續到後代，反映在羅馬帝國與希臘城市的關係上。

此外，君王與城市之間並不是單向的運作關係。提歐斯市決議，為回報實現了種種恩賜的安條克三世，城市除了贈予「恩賜者」、「行善者」的頭銜，還決定豎立安條克三世與勞迪絲王妃的大理石雕像，安置在酒神戴歐尼修斯神殿內的神像旁邊。從這裡可以明白，君王與城市之間是施與受的交換關係，君王施予城市好處，而城市給予君王榮譽頭銜。對君王而言，城市賦予的榮譽頭銜能確保君王的統治正當性；對城市而言，君王的恩澤除了支持其自治理念，也意味著對城市在政治、軍事和經濟上的實際援助。君王與城市的交涉蘊含著兩者的相互依存關係。

提歐斯市給予安條克三世與王妃勞迪絲的回禮，是一份特殊榮譽——將君王等同於神明。提歐

圖 2-4　阿爾西諾伊二世像

前三世紀左右的作品。這座由陽起石雕成的雕像高約 160 公分，據說是利用阿蒙霍特普三世妻子泰伊的雕像再雕成的。藏於 MIHO MUSEUM。

斯人把兩人的雕像置於戴歐尼修斯的神殿中，如對待神祇般地進行禮拜祭祀。其他同樣出土於提歐斯的決議碑文裡，更詳細地記述了對安條克三世與王妃勞迪絲的統治者崇拜細節：可確認的包括替國王（安條克三世）舉行祭禮、獻上犧牲、奠祭、立像、供奉特別的泉水等等（Ma, no. 18）。在希臘世界裡，這種將功績與權力出眾的人物奉為神靈的統治者崇拜，雖從前四世紀起便偶有所見，但要到亞歷山大大帝後才開始真正流行，並在希臘化時代的君王與城市交涉中發揮極大功用。對城市而言，擁有龐大領土與無上權力、能提供大規模援助的希臘化時代君王，是宛如超人般的施恩者，是近在身旁能親眼見到、並聽得見人們願望的顯靈神。

城市的戰爭與個人的戰爭

前面以安條克三世和提歐斯為例，介紹了君王與城市的交涉實況。然而無須贅述，君王與城市的交涉過程絕不是一直都如此順利。即使是表面看來平和的提歐斯，從安條克三世讓軍隊入城起，就隱約可見君王與城市交涉的背後，有著君王軍事力量的影子。而且，也有許多城市因反抗君王統治而爆發武力衝突。如第三節將提到的，以武力抵抗安條克三世統治的士每拿（Smyrna）與蘭普薩庫斯（Lampsakos），就是很好的例子。

希臘化時代的城市為了守護家園會建築堅固城牆，頻頻發動反抗君王的防衛戰與城市間的侵略戰爭，堪稱軍事化城市。不過雖說是戰爭，但那些武裝行動多半不是抵抗王朝、關乎城市存亡的保衛戰，而是與鄰近城市在國境問題上的小型衝突，或為了掠奪農作物而發動的奇襲，屬於小規模的戰爭。不管怎麼說，城市享有的自治與自由，其中也包括發動戰爭的權利。例如與前二一七年的拉菲亞戰役幾乎同時，小亞細亞城市塞爾格對鄰近城市培德內利蘇斯發動戰爭。根據波利比烏斯的記述（波利比烏斯，《歷史》第五書・七二～七六），培德內利蘇斯向當時勢力已擴展到小亞細亞的阿凱爾斯求助，而塞爾格也爆發內亂，是以侵略行動宣告失敗。這個實例充分展現當時希臘城市的戰鬥能力。約翰・馬認為這些城市犧牲鄰近城市、擴大自身城市控制權的霸權主義，可稱為小帝國主義（Micro-Imperialism，微帝國主義）。他並認為不只王朝間的巨大會戰具有意義，在這些軍事化城市之間進行的中、小規模戰爭亦有其重要性。希臘化時代君王必須交涉的這些城市，不單單是擁有自治和自由理念、以公民大會與議會為中心的民主政體，背後還握有實際的軍事實力。

那麼，活在這些希臘城市中的人們，過著怎樣的生活呢？從西西里島到黑海、中亞的希臘化世界相當遼闊，在那裡除了語言、宗教和基本生活模式，乃至廣場、神殿、體育場等主要城市設施，以及從公民大會與議會發展出來的機關有某些程度的共通點外，各地城市人們的生活其實是多樣紛雜的。此外，在以大國間戰爭與城市外交為主題的文獻史料，和記載君王與城市官方決策的碑文史料上，除了與王交涉、行使小帝國主義的部分政治領導人物外，實際上幾乎看不到一般公民與公民家族，更別說是處於社會下層階級的外族與奴隸。在意識到這個問題的同時，在此要舉一個希臘化時代克里特島的實例，來展示當時人們生活的幾個面貌。

克里特島是地中海的第五大島，希臘化時代島上約有五十到六十個城市，彼此征伐不休。從許多戰後刻於石碑的和約碑文中能看到，該島以克諾索斯和戈爾廷兩大城市為中心，並結合了安提哥王朝與托勒密王朝的島外勢力。許多城市反覆結盟又背叛，從搶奪作物家畜的衝突到敗北城市被徹底破壞的戰事，大小戰鬥相當頻繁。克里特島的狀況，就是前面所述的小帝國主義最明顯的寫照。一般認為克里特島多山，城市多集中平地，夏天時必須把牲畜趕到高地，冬天再移回低地，是以城市間容易因領土問題產生糾紛與衝突，造成征伐不休的情形。希臘化時代的克里特島城市因為幾乎都在戰爭，為了培育未來戰士，各城市以男性為中心的兄弟會（Hetaireia）組織特別發達。兄弟會定期在男子集會所舉辦共食儀式，藉此穩固社會聯繫，實現小帝國主義的目標。

當時的克里特島還有另外一大特徵，它是希臘化世界少數人口外移的地區。很多克里特人離鄉出海，前往希臘化時代諸王朝或有實力的城市當傭兵。例如前三世紀末，約有三到四千名左右的克里特傭兵及其家族，在數年間移民到小亞細亞的米利都。他們離鄉的直接原因是島上農地與牧地不足，城市人口過剩，以及整個希臘化世界戰爭頻仍的需求。但若從更廣義的觀點來看，亞歷山大帝國潰散後，希臘化世界因諸王朝分立而呈現政治上的分裂，但希臘語做為地區共通語言和希臘馬其頓風格生活形態的普及，也加速、擴大了人們的遷移活動。這也反映了當時的社會現象。

來自克里特島的傭兵，在柯里敘利亞的拉菲亞戰役中分別加入了安條克三世與托勒密四世雙方的陣營。另外，從柯里敘利亞的加薩也出土了讓人深感興趣的墓碑銘文，當中觸及拉菲亞戰役及同時期克里特傭兵的狀態（*SEG* 8, no.269）。內容記載了出身克里特島城市安諾波利斯的傭兵哈爾馬達斯及其家族：哈爾馬達斯的女兒與希臘人傭兵在加薩一帶組織家庭，他們描述父親哈爾馬達斯身為效力托勒密王朝的傭兵而活躍，亦做為故鄉安諾波利斯的戰士身分而奮戰。雖然無法得知哈爾馬達斯是否參與拉菲亞戰爭，但我們不能忘記，在希臘化時代王朝的大規模戰爭與希臘城市為了霸權與生存的戰爭背後，有著無數如哈爾馬達斯般的小人物捲入其中。

這是西元前二二〇年初，在美索不達米亞北部過冬的安條克三世觸目所及的希臘化世界，以及其後三十餘年統治期間所行使的王權，王權主要夥伴希臘城市與生活在其中人們的諸多面相。

2 第二次馬其頓戰爭結束前

何謂西元前二二〇年

那麼，以前二二〇年為分界，希臘化世界發生了怎樣的轉變？當然，對後世的我們來說，轉變的輪廓清晰可見，那就是希臘化諸王國的滅亡與羅馬帝國的建立。然而本書中的轉換期，也就是前二二〇年之所以特別引人注目，在於希臘化時代最重要的歷史學家、活在轉換期的波利比烏斯將之視為劃時代的一年，並以此來記述他的不朽鉅著《歷史》。本書的總論曾說明波利比烏斯的見解，然而他是以當代人觀點、而非後見之明來思考歷史的轉捩點，因此這裡我們要再一次地簡單總結他的洞察。

以西元前二二〇年為轉捩點寫成全四十卷《歷史》的波利比烏斯，清楚說明了他的理由。他認為自這一年起以羅馬為中心，「歷史宛如整體般開始聚集在一起，在義大利及非洲的事件，與在亞洲及希臘發生者相互交織」；到決定第三次馬其頓戰爭結果的彼得那戰役為止，前後僅五十三年，「人居世界」都納入羅馬的統治下。換句話說，這番見解顯示出他認為世界被分成前二二〇年之前的世界，以及前二二〇年之後到羅馬完成一統的世界。而在近東與中東地區，這個想法和前一節所述征伐不休的希臘化世界基本模式相呼應；波斯阿契美尼德王朝及亞歷山大帝國瓦解後，該地區是統治階級擁有同樣的文化認同（希臘馬其頓文化）又相互爭鬥的諸王國世界。總之，若用我們的話將波利比烏斯的見解重新闡述，那麼所謂前二二〇年的轉變，就是諸王國競爭模式的瓦解，以及羅馬一元統治的確立。

當然，這樣的轉變並非在前二二〇年當下立即完成。即便是找出歷史明確轉捩點的波利比烏斯，也將羅馬確立霸權的時間定為五十三年。因此，本章將這五十三年劃分成三個時期，藉由羅馬向東地中海近東地區的勢力擴張過程，來思考希臘化世界諸王朝和與王朝關係密切的希臘城市產生了怎樣的轉變。第一期約從前二二〇年起至前一九〇年代前半為止，是馬其頓安提哥王朝腓力五世與羅馬鬥爭的時代。第二期是前一九〇年代後半到前一八〇年代前半，塞琉古王朝安條克三世挑戰羅馬的時代。第三期則是前一六七年第三次馬其頓戰爭結束，安提哥王朝的統治邁向結束的時代。

腓力五世的野心

安提哥王朝的腓力五世（Philip V，前二二一～前一七九年在位）於十七歲繼承了繼父安提哥納斯三世的王位，隨後便展開與北方諸民族的戰爭，首戰的對象是達爾達尼亞人。之後他率領馬其頓國王所指揮的希臘聯盟，與埃托利亞同盟、斯巴達、厄利斯對峙，亦即同盟者戰爭（Social War，前二二〇～前二一七年）。腓力五世藉此戰爭取得優勢，一方面壓制輕視年輕君王不懷好意的幕僚（Philoi），另一方面也成功擴大對巴爾幹半島南部與伯羅奔尼撒半島各城市的影響力。同盟者戰爭即將結束的前二一七年七月，腓力五世前往阿爾戈斯參觀尼米亞競技賽（Nemean Games）。在這次的競技賽中發生了一件如波利比烏斯看透的那般，「全世界」宛如合為一體的重要事件。

前往參觀比賽的腓力五世，見到來自馬其頓的使者，得到以下的消息：迦太基將軍漢尼拔在特拉西美諾湖戰役（前二一七年六月）中打敗羅馬軍隊，取得壓倒性勝利，鞏固了迦太基在義大利半島的地位。據傳羅馬執政官蓋烏斯·弗拉米尼烏斯（Gaius Flaminius Nepos）在特拉西美諾湖戰役喪命，羅馬將士約有一萬五千人遭屠殺。接獲這個消息後，幕僚之一法羅斯的德米特里提出建言，認為應盡快結束同盟者戰爭，趁著羅馬敗北入侵義大利，稱霸全世界。這個建言燃起了腓力五世的野心，便和其他幕僚開會決定停止同盟者戰爭（波利比烏斯，《歷史》第五書·一〇一～一〇二）。

和談會議在埃托利亞的納帕克托斯舉行。與會者除了馬其頓和埃托利亞同盟外，還有其他相關國家的代表，和談的主要目標在維持當時的統治範圍。不過，納帕克托斯人阿格萊斯在這次的會議中發表了饒富深意的演說。

最想說的是，不管發生什麼事，同為希臘人不能彼此互鬥。……（希臘人）應著眼於西方動員的龐大軍隊及正在進行的浩大戰爭，並齊心維持警戒。因為，那場浩大戰爭的結果無論是迦太基人擊敗羅馬人，或羅馬人擊敗迦太基人，勝利者絕不會只滿足於義大利及西西里的霸權而已，而是將會波及這裡，會越過公理正義的疆界，把武力及野心都推到這裡。……我要特別呼籲腓力國王，假如您有展開軍事行動的想法，那請將注意力轉向西方，關切在義大利發生的戰爭，當個聰明的旁觀者等待時機；時機來臨時，您就能加入競賽，爭奪世界霸權。……如果只是坐等現在已然聚集在西方的烏雲飄到希臘，那我將深深恐懼，我們現在所進行的休戰、開戰這樣的遊戲，會從我們手中硬生生被完全奪走；所以我們必須向神明禱告，仍賜予我們力量，隨我們所喜，來彼此戰鬥以及締和；換言之，留給我們擺平自己紛爭的能力。

——原書引用並改寫自日文版《歷史》第五書，一〇四。本處部分引自中文版《歷史：羅馬帝國的崛起》，頁二五六。

首先要注意的是，阿格萊斯深深恐懼在西方強國統治下，希臘人將失去戰爭的自由。如上一節已經確認過的，發動戰爭的自由與能力是希臘化時代君王與城市的存在意義。大約在這番演說的兩百年後，羅馬建立所謂的「羅馬和平」，阿格萊斯的擔憂成為現實。不過在本章所敘述的時期裡，王權與城市都還擁有戰爭的自由。此外，阿格萊斯的演說中還有一點值得探究：強調羅馬與迦太基是強大的國家，卻又將希臘化世界國家之一的君王腓力五世視為能夠與他們對峙的勢力。也就是說，即便這個時期希臘知識分子視希臘人和異民族為對比的特有二元對立思想依舊根深蒂固，羅馬及迦太基還是被納入了希臘化世界的王國競爭模式，成為其中的一份子。

當然，特拉西美諾湖畔的戰報是否真的吸引了在尼米亞參觀比賽的腓力五世的注意？而納帕克托斯人阿格萊斯的演說，是否真的激發了腓力五世的野心？在沒有其他史料可佐證波利比烏斯記述內容的情況下，其中仍然存在著許多無法確定的疑問。眾所皆知，強力批評歷史學者以戲劇化手法來敘述事件的波利比烏斯本人，也喜歡用戲劇表現和充滿感情的描述來記述歷史，但從他的記述中還是能

圖 2-5　君王的頭像（腓力五世？）

前三世紀作品。1997 年發現於愛琴海的卡林諾斯島海岸。這個頭像戴著馬其頓風格的蘑菇狀帽子。由於很難進行鑑定分析，也有人認為這是珀爾修斯。

藏於卡林諾斯考古學博物館。

看出希臘國王和城市掌權者甚為關心義大利的局勢，也能夠讓人認識到羅馬（或者迦太基）是希臘化時代君王旗鼓相當的對手。事實上，從與波利比烏斯記述無直接關係的銘文史料來看，也能證實腓力五世的羅馬觀。

出土自色薩利城市拉里薩，被確認年代為前二一五年的銘文中，可約略看出腓力五世一方面學習羅馬政治制度，一方面又與羅馬勢力對抗的態度（Austin, no. 75）。此銘文的內容包括腓力五世寫給拉里薩的書信，以及接受書信後的拉里薩決議。拉里薩所在的色薩利名義上維持自治，但實際上處於馬其頓的統治下。腓力五世看到城市人口因戰亂減少，耕地遭到廢棄，便命令城市給予當地的色薩利人與希臘人拉里薩的公民權，城市也服從君王的命令，補充新公民。維持與擴大人口數量為國家之要務，腓力五世以此談到了羅馬的制度。他說羅馬解放奴隸，允許他們加入公民團體擔任公職，不僅擴大了自己的國家，還建設出多達七十個殖民地。雖然允許擔任羅馬公職的並不是被解放的奴隸本人而是其後代子孫，殖民地的數量也稍嫌誇大，但羅馬較為寬鬆的授與公民權條件，以及將首都羅馬城與各殖民地城市納入同一國家系統的制度，觀察力敏銳的腓力五世將之視為羅馬強盛的祕密。對當時的腓力五世而言，羅馬是互相切磋的競爭對手。

第一次馬其頓戰爭

西元前二一七年，同盟者戰爭在納帕克托斯的和談會議上劃下休止符，腓力五世正式將「西方的烏雲」視為對手。第二次布匿戰爭結局尚未明朗，尚不知日後的交戰對手是迦太基還是羅馬；在此情況下，腓力五世決定與迦太基聯手，與羅馬開戰。根據羅馬史學家李維的記述，腓力五世和漢尼拔結盟，定下日後義大利領土歸迦太基、希臘領土歸馬其頓的約定（李維，《羅馬史》二三·三三·九～三四·二）。但在波利比烏斯的記述裡，腓力五世最關心的是收復先前伊利里亞戰爭時（前二二九～二二八年，及前二一九年）失去，現歸羅馬管轄的伊利里亞失地（位於亞得里亞海東岸一帶。波利比烏斯，《歷史》第七書·九）。前二一四年末，腓力五世的一百二十艘快速槳帆船航向伊利里亞，羅馬則派出五十艘左右的重裝五槳座戰船，第一次馬其頓戰爭爆發。然而在這場戰爭中，馬其頓軍與羅馬軍幾乎沒有正面衝突。前二〇六年與羅馬結盟的埃托利亞同盟單獨與腓力五世締結和約，隔年以承認戰爭中獲得的土地為條件，腓力五世亦與羅馬談和。由於和談地點為伊庇魯斯的腓尼凱城（Phoinike），便稱為腓尼凱和約。

在第一次馬其頓戰爭時，無論是馬其頓或羅馬，幾乎都沒有殲滅對手的意圖。不管是在李維還是波利比烏斯的記述中，腓力五世與漢尼拔的同盟皆不是以腓力五世統治含義大利在內的「全世界」為前提；更何況，同盟條約僅由漢尼拔認可，攜帶條文前往馬其頓的使者在途中便被羅馬抓走，實際上恐怕連腓力五世都沒見過合約條文，更談不上正式締結。再者，腓力五世在戰爭中燒毀了自家艦隊，事實上也不可能渡海到義大利。

另一方面，從羅馬的角度來看，這場戰爭的目的不過是要把腓力五世困在希臘，以便羅馬能專心將漢尼拔趕出義大利，並繼續追擊至北非。此時的羅馬並不希望與馬其頓全面對決。但無論如何，羅馬軍已經在巴爾幹半島布署九年的事實，或可視為義大利與希臘在合併過程中的一大轉變。彷彿在呼應這一點般，羅馬司令官拉埃維努斯（Marcus Valerius Laevinus）接收到的任務（provincia）是在戰爭初期盯著腓力五世的動向，後來希臘與馬其頓便成為拉埃維努斯的任務執行場所。可見羅馬確實已經開始踏上統治希臘化世界的征途了。

羅馬入侵巴爾幹半島，為希臘化世界人們的生活帶來了無法忽視的衝擊。前二一二年左右，羅馬為了牽制腓力五世與漢尼拔，和埃托利亞同盟締結同盟條約，內容包含了下面這項條款：今後戰爭所獲得的戰利品，不動產屬於埃托利亞同盟，而動產（尤其是人類，即俘虜）則歸羅馬所有（Austin, no.77）。此條款經常被提及，做為當時的羅馬還沒有永久統治希臘意願的證據；然而在此條款下所發生的掠奪實例，卻否定了上述的片面評論。例如，前二一〇年占領雅典城外海埃伊納島的延任執政官卡魯巴（Publius Sulpicius Galba Maximus）冷酷地拒絕了埃伊納市民為準備贖金而遣使其他城市的要求，並將他們當作奴隸賣出，埃伊納市則按條約規定引渡給埃托利亞同盟，以三十塔蘭同的價錢轉賣給帕加馬王國的阿塔羅斯（波利比烏斯，《歷史》第九書・四二・五～八；第二二書・八・九～一〇）。不論羅馬本身的戰爭目的為何，對希臘化世界諸城市而言，羅馬與希臘化時代的諸王國一樣，都是以武力掠奪登上巴爾幹半島政治舞台的強權。

第二次馬其頓戰爭

締結腓尼基和約後，腓力五世依然不斷進行頻繁的軍事與外交活動。其中特別值得一提的是被推定在前二〇三／二〇二年時，與塞琉古王朝安條克三世締結的密約。前二〇四年，托勒密王朝的托勒密四世（Ptolemy IV Philopator，愛父者）去逝，年幼的托勒密五世（Ptolemy V Epiphanes，顯現威能者）即位。腓力五世與安條克三世瞄準托勒密王朝政權轉移的不穩定期間，想趁機瓜分其領土（波利比烏斯，《歷史》第三書・二・八；第一五書・二〇・一～七）。雖然有不少學者懷疑這個密約的存在，但無論如何，安條克三世控制了柯里敘利亞這個長期爭議地區，腓力五世也講統治觸角伸向愛琴海島嶼、博斯普魯斯、達達尼爾海峽、帕加馬及小亞細亞的卡里亞。面對腓力五世攻勢而陷入困境的各城市、黑海交易權益受到威脅的羅德島，和海外領地遭腓力五世侵蝕的托勒密王朝，紛紛派遣使者前往羅馬使節團所在的雅典與羅馬元老院譴責腓力的暴行，請求羅馬派兵支援。接受請求的元老院決意開戰，但因第二次布匿戰爭而深感疲憊的羅馬公民，在決定是否開戰的百人團大會＊上一度否決。但之後在政治領導階層的遊說下，前二〇〇年大會同意對腓力五世開戰，羅馬的最後通牒被送到正圍攻達達尼爾海峽（赫勒斯滂）城市阿拜多斯的腓力五世面前。這是第二次馬其頓戰爭的開始。

＊ Comitia Centuriata，亦稱為百人隊會議，是古典時代羅馬共和國的三大投票會議之一。

這樣的開戰過程，提供了當時希臘化時代王權與城市如何看待羅馬的幾個有趣論點。其中值得注意的是，羅馬城開始被納入希臘化時代王權與諸城市的外交網絡內。如上一節曾提及，希臘化時代王權與諸城市藉由派遣使節與行政文書，形成了緊密的網絡。經過兩次馬其頓戰爭，羅馬城在此網絡中的地位愈來愈重要。羅馬城不僅被納入希臘化世界的外交網，其性質也產生變化。王國與城市使節跟羅馬政治領導階層們辯論的元老院會議，以及決議是否開戰與締約的百人團大會，都在羅馬城舉行。羅馬在外交網絡上有固定的決策地理位置，這點與在王國內四處移動做決策的君王及其幕僚形成的希臘化時代王國（尤其是塞琉古王朝）有決定性的不同。隨著時代推進，羅馬城不僅是羅馬首都，對希臘化世界的人們來說，更是可以決定自己處境的場所，必須經常且持續與之交流。

圖 2-6　弗拉米寧的史塔特（stater）金幣
前 196 年左右。據悉這個貨幣的發行數量超過十萬枚。

第二次馬其頓戰爭就這樣開始了。前一九八年執政官提圖斯・弗拉米寧（Titus

Quinctius Flamininus）指揮大軍開戰，他設下嚴格條件並運用巧妙的政治手段，和腓力五世進行了幾次和平談判，同時讓亞該亞、斯巴達、貝奧提亞同盟加入羅馬陣營。腓力五世與弗拉米寧的最後決戰，是前一九七年在色薩利的庫諾斯克法萊戰役，羅馬取得壓倒性的勝利。在腓力五世接受了禁止設置海軍、占領地移交羅馬，以及支付賠償金等和談條件（波利比烏斯，《歷史》第一八書．四四）後，元老院決定將希臘的戰後問題交由元老院議員組成的十人委員會和弗拉米寧處理。當時他們除了繼續控制科林斯、馬格尼西亞的德米特里亞斯、尤比亞島的哈爾基斯等戰略要地外，決定將維持希臘諸地域的自治與自由。以下是前一九六年在科林斯舉辦的地峽運動會（Isthmian Games）上發生的事：

> 不久，到了舉辦地峽運動會的時節，幾乎全世界的最上層人士都因為期待這裡即將發生的事情而聚集在此。……當群眾集合在運動場，等著觀看比賽時，司儀指示號角手要求眾人安靜，並做出如下的宣布：
>
> 「羅馬元老院延任執政官提圖斯．弗拉米寧允諾，給在戰爭時擊敗的腓力國王與馬其頓軍的科林斯、福基斯……色薩利、佩里比亞等地人民自由獨立、不設駐軍、免納貢賦，並可沿襲他們祖先的法律舊慣」。
>
> 宣布尚未結束，掌聲便如暴風雨般響起……人們為了感謝弗拉米寧而蜂擁向前，他們毫無節制的

激情興奮和感激，差點奪走這位大恩人的性命。太多人想見弗拉米寧了，有人稱他為救世主，有人想觸摸他的手，有更多人則將花冠及頭帶投向他。人們熱情的程度幾乎要撕裂他的身體。

——原書引用並改寫自日文版《歷史》第一八書，四六。
本處部分引自中文版《歷史：羅馬帝國的崛起》，頁四七五～四七六。

弗拉米寧賦予希臘自治與自由，是身為競爭者之一的羅馬被希臘化世界接納的重要證明。如同第一節中安條克三世與提歐斯的關係，希臘化時代君王經常賦予占領城市自治自由並免除其貢賦，弗拉米寧的政策大體上是遵循這樣的王權統治文化。當然，是否賦予自治的權力及其內容，將由統治者依各城市的狀況來決定，具有相當大的彈性。這次的羅馬也一樣，在地峽運動會後弗拉米寧、十人委員及元老院的協商結果，決定對各城市與區域進行個別處理（波利比烏斯，《歷史》第一八書，四七）。從色薩利的馬格尼西亞發現的銘文中，可以得知弗拉米寧分別判斷各自的處理方法，裁定了戰時混亂的財產權（Bagnall & Derow, no. 36）。

從城市的回禮來看，前一九六年羅馬賦予希臘城市自由與自治，與希臘化時代王權與城市間的施與受關係有許多共通點。發表自治自由宣言的弗拉米寧被參加地峽運動會的人們冠上「解救者」的頭銜；從銘文史料也可看到哈爾基斯、科林斯、吉雄等城市也稱讚弗拉米寧是「解救者」、「善行者」，並豎立他的雕像。另外，阿爾戈斯還舉辦了以弗拉米寧為名的運動會，為弗拉米寧舉辦的祭禮甚至延續到帝國時期（Sherk, no. 6）。還有，前一九四年羅馬決定完全撤除巴爾幹半島駐軍，讓希臘人把弗拉米寧奉為神祇，以為回報（李維《羅馬史》三四．四八．二～五二）。上一節藉由安條克三世與提歐斯一例所強調的恩澤賦予與回報名譽的施與受關係，我們也在希臘化世界競爭者之一的羅馬身上看見了同樣的關係。弗拉米寧扮演了希臘化時代王權中交涉之王的角色。我們在推測於哈爾基斯鑄造的史塔特金幣上可看見，正面是弗拉米寧頭像，背面是勝利女神尼姬（Nike）手持棕櫚葉授冠給直書的弗拉米寧之名。弗拉米寧的額頭上雖然沒有繫著象徵王權的細帶，但他參與了關係到自治自由的希臘化世界談判，並以那些談判為基礎，繼承了許多希臘化時代君王在圖像表現上的要素。

3 安條克戰爭結束前

圍繞著安條克戰爭與「自由」的論爭

接下來要談論發生於前一九七年的庫諾斯克法萊戰役，這一年塞琉古王朝安條克三世在小亞細亞征服了諸城市。前二〇五年左右安條克三世遠征東部返鄉，與腓力五世結盟，之後趁第二次馬其頓戰爭的空隙越過托魯斯山脈，將統治勢力延伸到小亞細亞西部。本章開頭強調安條克三世給予希臘城市自由及諸多優遇的形象，但那不過是君王與城市交涉的其中一面；在看似和平的表面下，存在著王權與城市的冷酷武力鬥爭。在此次出征中遭塞琉古王朝軍隊攻陷的城市慘狀，亦被記載於碑文（前一九七年左右）流傳至今（Ma, no. 36）。由於銘文並不完整，城市名稱不得而知，但從殘存部分可知該城被焚，很多公民失去身家財產與性命。該城使者要求停止徵稅和派遣移民進駐城市，安條克三世的軍隊將領答應了使者要求，同意此後七年停止對該城徵稅，以及不設駐軍。冰冷的史料文字傳達出君王發動戰爭時的冷酷情況。

瀕臨愛琴海的士每拿與達達尼爾海峽旁的蘭普薩庫斯，在遭遇安條克三世攻打時皆頑強抵抗。下面這段引文應該是李維根據波利比烏斯之言所寫下，內容充分顯露出希臘化時代君王與城市的交涉中，充滿著何等的暴力與一體兩面的欺瞞：

> 同年，安條克國王在以弗所過冬後，再一次嘗試要把小亞細亞的所有城市納入統治下。他們要不就是在平地，要不就是覺得自身城牆、軍備與戰士靠不住，因此他認為大部分城市都可以被收服。然而，士每拿與蘭普薩庫斯一直在爭取獨立，若遂了他們的意，其他城市就可能群起效尤——例如愛奧尼亞與伊奧利亞地區之於士每拿、赫勒斯滂地區之於蘭普薩庫斯。於是國王從以弗所派兵包圍士每拿，又命阿拜多斯的駐軍攻擊蘭普薩庫斯，只留一隊士兵戍守。除了武力恫嚇，國王也向他們派遣使者，以溫和的口氣警告對方的魯莽與固執，並試著給對手很快就能得償所願的希望——這是要讓他們及其他所有人都充分瞭解，他們的自由是國王給予的，不是

他們可以抓住機會獲得的。對此，這位國王得到的回覆是：如果他們不能心平氣和地接受自由獨立被延遲，國王也不該感到驚訝與憤怒。

——李維，《羅馬史》三三・三八・一～七。引用及部分改寫自吉村忠典、小池和子翻譯的日文版及其表記。

安條克三世以收復祖輩的舊有領土為由，浩浩蕩蕩從亞洲向歐洲進軍色雷斯與馬其頓諸城市。負責處理第二次馬其頓戰爭後續事務的羅馬十人委員會無法繼續忽視他的存在，於是在達達尼爾海峽歐洲側的利西馬其亞與安條克三世進行會談（前一九六年秋）。羅馬方面要求安條克從所有奪自托勒密王朝的亞洲諸城市中撤出，還指責他遠征歐洲的真正目的是要打敗羅馬。對此，安條克表示歐洲色雷斯的諸城市自塞琉古一世以來便是其固有領土，之前不過是被托勒密王朝與腓力五世不當奪取。至於亞洲諸城市的歸屬，他表示羅馬無權干涉，還說「關於那些在亞洲保有自治的城市，它們能獲得自治是好事，但這必不會是因為羅馬人的指令，而是來自於我的恩賜」（波利比烏斯，《歷史》第一八書・四九～五二）。安條克三世與羅馬一邊相互正當化希臘化世界戰爭之王與交涉之王的雙面角色，一邊視對方為競爭勢力而相互對峙。

關於這場安條克戰爭的始末，簡單歸納如下。在利西馬其亞會談後，安條克三世與羅馬雖仍有機會於羅馬城與小亞細亞的阿帕米亞會談，但都以失敗告終。安條克三世邀請逃出迦太基的漢尼拔為幕僚，以聯姻方式牽攏托勒密王朝，並將埃托利亞同盟拉入自身陣營。前一九二年末，他率領一萬步兵與五百騎兵，在馬格尼西亞的德米特里亞斯附近登陸歐洲，而羅馬也幾乎同時間朝巴爾幹半島出兵，並確保馬其頓腓力五世對羅馬的援助。羅馬司令官格拉布里奧（Manius Acilius Glabrio）率領兩萬步兵和兩千騎兵，在波希戰爭古戰場德摩比利（溫泉關）擊敗塞琉古軍，安條克三世撤退至小亞細亞（溫泉關戰役，前一九一年）。前一九〇年，擊敗漢尼拔的大西庇阿之弟盧基烏斯．西庇阿（Lucius Cornelius Scipio Asiaticus）當選執政官，並繼任安條克戰爭的司令官，大西庇阿則任副司令官輔佐盧基烏斯。西庇阿兄弟率領約三萬名羅馬軍，在小亞細亞的馬格尼西亞打敗約七萬名塞琉古大軍（前一九〇年年底至翌年年初）。前一八八年，安條克三世與羅馬簽訂和平條約，條件是放棄托魯斯山脈以西的地區（即小亞細亞），支付巨額賠償金及解散戰象部隊。這就是所謂的阿帕米亞和約。

本節將探討在此戰爭前後的希臘化世界，羅馬是以何種方式存在，將焦點放在希臘城市與羅馬之間的關係。之前透過與腓力五世的競逐，羅馬成為諸王國競爭中的一員，並承襲了交涉之王的角色。那在這段戰爭期間，羅馬和城市間的關係又發生了怎樣的變化？

串聯在一起的「歷史」

蘭普薩庫斯是達達尼爾海峽亞洲側的城市，前面提到它曾對抗安條克三世的侵略。該城市在面臨威脅時，曾派遣使團向羅馬請求援助。從稱讚團長赫格西亞士（Hegesias）功績的銘文中，可看到城市面對塞琉古王朝龐大武力的恐懼，與使團漫長的危險旅程。更重要的是，蘭普薩庫斯在與羅馬建立關係的外交手腕上，有許多讓人深感興趣的事實（Austin, no. 197）。使團的出使時間是前一九七年至前一九六年。

不在乎因擔任使節而伴隨的財務負擔和旅途風險，赫格西亞士把城市利益擺第一，接下任務，首先拜訪當時羅馬軍的艦隊司令官——駐守巴爾幹半島的魯基烏斯．弗拉米寧（Lucius Quinctius Flamininus）。與哥哥提圖斯一樣，這對弗拉米寧兄弟在第二次馬其頓戰爭時表現非常活躍。赫格西亞士請求魯基烏斯援助蘭普薩庫斯，他說服魯基烏斯的方法，是強調蘭普薩庫斯與羅馬神話傳說的聯繫。赫格西亞士說：「我們（蘭普薩庫斯人）與他們（羅馬人）有血緣關係，因此羅馬人的朋友暨盟友馬薩利亞人民是我們的兄弟。基於這樣的事實，他們〔羅馬人〕保護我們城市的權利，是理所當然的。」魯基烏斯應允了赫格西亞士的請求，承認羅馬與蘭普薩庫斯的血緣關係，尊重蘭普薩庫斯的自治與自由，同意排除侵犯蘭普薩庫斯自治與自由的敵人，同時答應若與第三者結盟，蘭普薩庫斯也將包含在同盟內。最後這一條，具體指的便是羅馬與腓力五世談和一事。

赫格西亞士宣稱蘭普薩庫斯與羅馬有血緣關係，是基於蘭普薩庫斯曾屬於小亞細亞西北部特洛亞斯城市聯盟的事實而來，特洛亞斯即荷馬（Homer）史詩《伊利亞德》（*Iliad*）中歌頌的特洛伊。荷馬史詩所歌頌的特洛伊戰爭中，有幾個後來發生的小故事，其中之一便是特洛伊王子艾尼亞斯逃離被希臘人攻陷的祖國後在地中海流浪，最後抵達義大利半島，成為羅馬的建國始祖。這個特洛伊人與羅馬人的神話關聯，被生活在初代羅馬皇帝奧古斯都時期的詩人維吉爾（Vergil）記錄在史詩《艾尼亞斯紀》（*Aeneid*）中。在這場赫格西亞士與魯基烏斯的談判裡，重要的是有效發揮修辭功能，把「神話」當成實際的「歷史」，以建立該城市與羅馬的連結。羅馬人本身亦意識到這份連結關係，前一九〇年因追擊安條克三世而抵達亞洲的盧基烏斯・西庇阿就特地造訪特洛伊故地，在神殿奉上犧牲（李維《羅馬史》三七・三七・一～三）。

與魯基烏斯・弗拉米寧會面後，赫格西亞士的使團離開巴爾幹半島，前往希臘城市馬薩利亞（現今法國南部馬賽），目的是確保與羅馬友好的馬薩利亞的援助，強化蘭普薩庫斯與羅馬的連結。追溯上古時代的血緣關係修辭，也在此發揮了作用。蘭普薩庫斯與馬薩利亞原本都是福西亞的殖民地，是以兩座城市可說是「兄弟」。赫格西亞士離開馬薩利亞，接著便去羅馬拜訪元老院，在那裡進行遊說，強調蘭普薩庫斯與羅馬及馬薩利亞的血緣關係。元老院接受了他的主張，將蘭普薩庫斯問題委交給處理過巴爾幹半島第二次馬其頓戰爭善後事宜的提圖斯・弗拉米寧與十人委員會。離開義大利半島的赫格西亞士最後抵達科林斯，與弗拉米寧和十人委員會會談。

以上便是赫格西亞士的任務概要，其中有兩點值得特別注意。第一點，在羅馬加入的希臘化世界外交網絡中，希臘人傳統的神話與歷史血緣關係發揮效果，羅馬納入了希臘化世界的血緣連結。希臘城市利用這點，以其擅長的手段成功與羅馬談判。第二點，羅馬本身也努力強化與希臘的血緣關係，藉此提高羅馬城的重要性，並以實際行動將自身整合進希臘化世界的外交網絡。羅馬一方面利用自己出身於希臘化世界中心之事，與侵占地區的歷史結合，一方面將元老院與公民大會所在地羅馬城確立為希臘化世界外交網絡中不可或缺的基點。無論是神話還是歷史，羅馬以此為基礎展開外交，實踐波利比烏斯所說的「全世界」整合大業。

搖擺中的自治與自由

如本節開頭所觸及的，無論是羅馬與安條克三世競爭的時代，還是與腓力五世戰爭的時代，希臘城市的自治與自由，都在羅馬與這些希臘城市及敵對城市間的談判中具有重大意義。然而在羅馬與希臘城市的互動中，仍有數個難以納入以往賦予城市自治自由這個架構中的例子。

在安條克戰爭中，希臘的埃托利亞同盟屬於塞琉古陣營。前一九一年，賽琉古軍在溫泉關之役落敗，安條克三世從巴爾幹半島撤退到小亞細亞，但埃托利亞同盟仍以赫拉克利亞與納帕克托斯為據點，繼續頑強抵抗羅馬。然而抵抗並未持續很久，因安布拉西亞防衛戰而疲憊不堪的埃托利亞同盟向羅馬投降了。前一八八年，羅馬與埃托利亞締結和平條約。在這場令人疲憊的戰爭途中，埃托利亞同盟遣使向羅馬司令官格拉布里奧議和。關於當時緊張的會談情況，波利比烏斯記述如下：

……埃托利亞人訴諸往昔，辯稱自己過去與羅馬人是如何地友好，獻上忠誠。但魯基烏斯（與同盟使者交涉的羅馬副司令官魯基烏斯・瓦萊里烏斯・弗拉庫斯）打斷了他們的熱情演說，表示那些理由並不適用於當前情況。……魯基烏斯建議埃托利亞人放棄辯解，改以乞求的方式懇請司令官（格拉布里奧）原諒，除此之外別無他法。埃托利亞人雖然又持續辯解了一番，但結果還是決定屈服於羅馬人的信義，讓格拉布里奧處理一切。埃托利亞人此時還不知道這個決定意味著什麼；他們被「信義」這個詞欺騙了，以為這麼做能獲得更多赦免。但對羅馬人而言，「屈服於信義」的意思，就是「交出決定權、任憑勝利者處置」。

——引用並改寫自日文版《歷史》第二〇書・九～一〇。

埃托利亞同盟使者與羅馬司令官格拉布里奧直接會談，格拉布里奧對「屈服於信義」的埃托利亞人表示，無論是做為個人還是基於公共決議，前往亞洲協助安條克三世都是不被允許的事，同時命令埃托利亞人交出羅馬所認定的戰犯。但是埃托利亞的使者反駁，認為羅馬的要求既違反正義，亦違反希臘人的行事原則。對此格拉布里奧憤怒地說：「你們一邊說要屈服於羅馬人的信義，一邊又說要堅持希臘人的作風，是打算討論正確與正義的話題嗎？我也可以憑我的作風，用鎖鏈把你們全部捉起來。」

「屈服於信義」的拉丁語是「deditio in fidem」，如本書第一章所述，「deditio」這個字對羅馬而言代表承認羅馬的權力，相當於無條件歸降。為了建立歸降後的和平關係，歸降的一方須順從羅馬，而回報便是羅馬尊重歸降方的國家制度並給予照顧，重視彼此間統治與被統治的道德關係。但無論如何，歸降方的境遇最終還是取決於羅馬的裁量。因此，「deditio in fidem」的前提未必都是如此次對待埃托利亞同盟這般嚴苛的投降條件。以前面曾提及的馬格尼西亞戰役為例，遠渡小亞細亞的西庇阿兄弟在寫給卡里亞的赫拉庫雷的信件中就明白宣告，雖然該城屈服於羅馬人的信義，但羅馬會保障城市自治與自由，以及公民的財產權（Bagnall & Derow, no.40）。

上述羅馬與希臘城市之間自治與自由的問題，整理後可總結如下：君王賜予統治下的城市自治與自由，城市則報以合作並稱頌君王的名譽。這種希臘化時代王權的傳統交涉方式，上一節介紹的提圖斯・弗拉米寧也在地峽運動會宣言時盡數承襲。儘管各城市的自治與自由內容得依實際情況個別裁定，然而希臘化時代王權在賦予自治與自由時，基本上亦是如此。不過，從羅馬方面——也就是從拉丁語的世界來看，在這樣的協商下，其所統治及影響下的人們必須屈服於羅馬人的信義，沒有其他選擇。弗拉米寧是基於自身道德並斟酌政治局勢後，才賜予服從（他自己以為的）羅馬人信義的巴爾幹半島城市自治與自由。那麼，希臘化世界的自治與自由，與羅馬人的信義有何不同？兩者的差異，在於是否能視城市的自治與自由為理所當然，無論任何狀況皆予以一定程度的尊重，也就是程度問題。羅馬在理解希臘城市自治與自由之重要性的同時，也加入統治者與城市間的交涉系統，並開始向希臘化世界表明自身的統治與被統治概念；發展到最後，希臘城市逐漸明白，被羅馬統治的現實與以往對王權期待的理想，兩者間存在著何等的落差。安條克戰爭的時代，就是這樣的一個時代。如接下來本章最終節中所示，希臘城市對羅馬統治所抱持的這份矛盾，即便到了羅馬帝國時期也未完全消失。

4 第三次馬其頓戰爭結束前

「戰爭之王」結束的開始

第二次馬其頓戰爭中敗北的腓力五世致力振興馬其頓、開發礦產及增加人口，並如上節所述在安條克戰爭時加入羅馬陣營，在羅馬的承認下成功占領了馬格尼西亞與色薩利。但是，色薩利諸城市向羅馬控訴對侵占一事的不滿，讓腓力五世不得不從這些區域撤退。此外，趁著安條克戰爭後的混亂局勢，腓力五世將歐洲的色雷斯諸城市納入統治，但羅馬要求馬其頓軍必須撤離。也就是說，這個時期的羅馬已經擁有不需直接交鋒就能掣肘希臘化君王軍事行動的力量了。

經過這些事件，腓力五世明白與羅馬再度決戰是無法避免了。於是他進一步充實國力，並派其中一子德米特里以使者身分前往羅馬。羅馬的政治領導階層十分禮遇這位曾在羅馬當過人質的年輕人，視其為安提哥王朝接班人予以支援，但這卻讓馬其頓對德米特里產生懷疑。前一八〇年，德米特里在腓力五世的命令下被殺，失意困頓的腓力五世本人亦於前一七九年結束其五十九年的人生。

繼任的珀爾修斯（Pereseus，前一七九～前一六八年在位）一邊繼續與羅馬維持和平，一邊努力修復與希臘諸城市及其他王朝的關係，然而還是無法逃過與羅馬的最終決戰。先是一向宣誓效忠羅馬的帕加馬王國歐邁尼斯二世（Eumenes II），在元老院聲稱珀爾修斯深具威脅，而在暗殺歐邁尼斯未遂事件後，珀爾修斯是主謀的傳言甚囂塵上，於是前一七二年元老院決定對馬其頓開戰。雖然戰爭時間漫長得超出羅馬預期，直至前一六八年大西庇阿的小舅子、司令官保盧斯在馬其頓南部的彼得那戰役打敗馬其頓，才結束了第三次馬其頓戰爭。戰敗的珀爾修斯王位被廢，幾年後以俘虜之身死於義大利的阿爾巴富森斯。至此，長年統治亞歷山大大帝故鄉的安提哥王朝滅亡。戰後，羅馬的十人委員會著手整頓王國滅亡後的馬其頓統治制度，將其分成四個共和國。羅馬承認這四個共和國的自治與自由，要求他們必須向羅馬進貢，也禁止經營馬其頓的礦山。而希臘的親馬其頓派城市則受到懲罰，包括歷史學家波利比烏斯在內，約有一千名人質從亞該亞同盟被帶往羅馬。

以上，是我們對歷史學家波利比烏斯認定的，前後五十三年整合「全世界」時代的簡單回顧。也就是說，這個轉換期的起點是前二二〇年，終點是前一六八年。關於波利比烏斯指涉的轉變，如我們在第二節開頭確認的，是希臘化時代諸王國競爭模式的

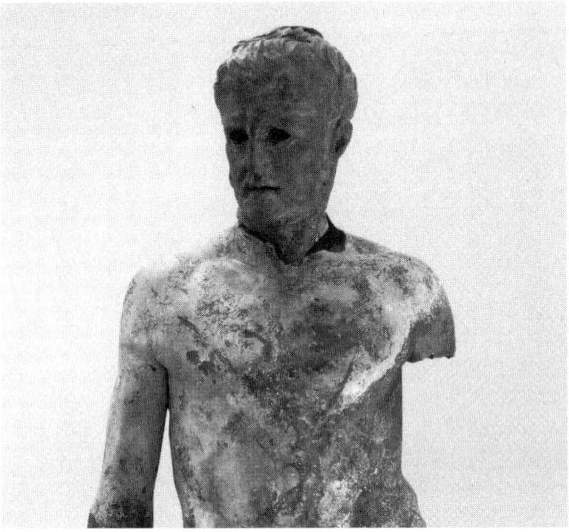

圖 2-7　男性像（保盧斯？），前二世紀青銅像。
1992 年發現於義大利布林迪西附近的海底。頭髮、額頭和嘴巴的形狀讓雕像栩栩如生。雖然難以用鑑定分析判別，但有一說這是盧基烏斯・埃米利烏斯・保盧斯的雕像。
藏於布林迪西 Francesco Ribezzo 考古學博物館。

瓦解，及羅馬一元統治的確立。在此，除了總結至今所討論的議題，也要通盤觀察彼得那戰役及其後的時代，來探討轉換期之後的世界面貌。這裡的關鍵字是在第一節介紹，常常出現的「戰爭之王」與「交涉之王」。

第三次馬其頓戰爭爆發的經過與結果，就是羅馬赤裸裸地獨占象徵希臘化君王存在意義的戰爭資格與能力，消滅競爭對手並展現力量，將東地中海與近東地區從希臘化時代的王國競爭模式轉變成羅馬帝國的一元統治模式。當然，自彼得那戰役後，以塞琉古王朝與托勒密王朝為首的諸王國依然存在。直到前一世紀，仍有如黑海沿岸本都王國的米特里達梯六世那樣，可以帶給羅馬軍重大損失的君王。不過任誰都能看出來，從前二二〇年到前一六八年，這段期間羅馬與希臘化君王之間的遊戲規則完全不同了。他們已非對等的競爭對手。

例如彼得那戰役的同年，塞琉古王朝安條克四世（Antiochus IV Epiphanes）尚未開戰就必須屈服於羅馬。馬格尼西亞戰役後，戰敗的安條克三世再次轉向王國東部，為獲得支付羅馬鉅額賠款的財源，在搶奪埃利邁斯的貝爾神廟時被殺害。安條克三世次子塞琉古四世成為王位繼承人，然亦於前一七五年遭暗殺，由安條克三世三子繼承王位，是為安條克四世。安條克四世舉兵攻打正處繼位之亂的托勒密王朝，但遭到羅馬特使波皮利烏斯・拉埃納斯（Gaius Popillius Laenas）的屈辱對待：

> ……安條克從遠處出聲招呼並伸出手，這時羅馬司令官波皮利烏斯將手中的元老院建議文書板遞給對方，命他先閱讀。……國王看過〔應立即停止與托勒密爭戰的〕文書板後，說要與同僚

討論。波皮利烏斯聽到後立刻做了個嚴峻且狂妄的舉動。他拿了一根從葡萄樹上切下來的木枝，在安條克周圍的地面上畫了個圈圈，並告訴安條克：在回答文書板的問題之前，不許離開圈圈一步。

——引用並改寫自日文版《歷史》第二九書，二七。

安條克四世唯一能做的，就是服從羅馬的命令撤出埃及。

羅馬的立場對東地中海和近東地區的戰爭具有絕對影響力，戰爭與統治帶來的經濟打擊也變得巨大且漫長。第一節曾敘述，托勒密三世在第三次敘利亞戰爭中從塞琉古王朝獲得了巨大利益；相較之下，羅馬向戰敗者要求的戰爭賠款與土地掠奪則更加嚴酷。首先看賠款方面，據傳羅馬向腓力五世要求一千塔蘭同，埃托利亞同盟五百塔蘭同、安條克三世一萬五千塔蘭同的金額。一萬五千塔蘭同約相當於四百噸的銀。除了要求賠款外，還有數量龐大的戰利品（包含俘虜與藝術品）、義大利商人與包稅人的剝削，還加上因戰事造成的人口減少與土地荒廢。由於羅馬的關係，戰爭為區域帶來的傷害非常嚴重，讓前二至前一世紀的東地中海和近東地區經濟與人口走向衰退，有研究者甚至認為直至奧古斯都的「羅馬和平」前，衰退都看不到復甦的跡象。

變遷世界中的交涉

本章以希臘化時代的王權特徵「戰爭之王」與「交涉之王」為焦點，強調羅馬對其統治或影響下的希臘城市，最初雖採取希臘化君王的交涉模式，但同時也提升羅馬城在外交網絡的中心地位，並在與城市自治自由相關的交涉中加入羅馬自己的解釋，逐漸擺脫希臘化世界的交涉架構。那麼，前一六八年前後的羅馬與城市的交涉，是什麼模樣呢？之前曾提過的安條克三世交涉對象，位於小亞細亞的城市提歐斯便出土了一段相當有意思的銘文，記載當時羅馬的交涉過程（*SEG* 62, no. 1910）。內容主要是色雷斯城市阿布迪拉對阿米蒙與梅加迪門斯這兩位提歐斯公民的讚頌。二人接受阿布迪拉城的委託，為對抗色雷斯君王柯迪斯擴張領土而出使羅馬求援。關於使團的出使年代存在長期爭論，其中一個可信說法是在第三次馬其頓戰爭結束後不久：

〔使節們〕為我們〔即阿布迪拉〕公民承擔出使羅馬的任務，克服肉體與精神上的困難，一日又一日地耐心與具領導地位的羅馬人見面，拉攏他們到自己這邊，請求城市保衛者為我們公民提供幫助，並向他們說明事態，每天到他們的中庭問候，讓他們和優先保護我們對抗敵人（色雷斯的柯迪斯國王）的人交朋友。

接受阿布迪拉城委託的提歐斯使者，在以羅馬城為中心的外交網絡內，必須完全採用羅馬式的做法，來贏得羅馬政治指導階層的施恩。他們在抵達遙遠的羅馬前必須行經充滿危險的路程，並滯留在陌生的城市，在權貴的宅邸中庭（門廊）裡安靜等待傳喚，輪到他們問候。這種每天的問候是一種被稱為薩魯塔提歐（salutatio）的社交習慣，在具有尊卑關係的人們身上特別明顯：被保護者（clientes）須在黎明時穿著正式服裝訪問、問候保護者（patronus），並跟著保護者外出。

當然，提歐斯使團出使羅馬的問候景象，不過是當時羅馬與希臘城市交涉中極小的片段。即使是在前一六八年以後，羅馬也不能完全捨棄傳統希臘化世界自治與自由的交涉架構。甚至可以說，即便以希臘城市屈服於信義為前提，羅馬也仍秉持著「給予希臘城市自治與自由的統治者」這個理念。接下來將簡單敘述羅馬帝國時期的希臘城市狀態，同時深入思考這點。

前一世紀末羅馬帝國建立後，以自治與自由為圭臬的希臘城市仍繼續存在。經歷戰亂、從疲弊中重新站起的東地中海及近東地區，以亞歷山卓港、安條克城、以弗所等大城為中心，創造了豐富的城市文化。各城皆設有議會與公民大會等決策機構，公職人員則由選舉產生。當然，只有城市的富人階層能進入議會，在公民大會握有大權，並就任需負擔高額費用的公職；這些富人階層在公領域及私領域提供財產，負責落實城市運作。這種以富人階層為中心的城市運作模式，早在希臘化時代中期就已十分明顯，同時亦有許多城市在制度上採行民主政治。而在帝國的疆域中，除了前線以外，幾乎沒有羅馬軍隊駐紮，直屬於帝國的官員也非常有限。總而言之，帝國時期的希臘城市是民主政體的自治城市，富裕階層在政治上有舉足輕重的地位，帝國並未設置機構直接統治各城市，城市可說是帝國的共同體。

羅馬尊重這些希臘城市的自治與自由。羅馬皇帝與行省總督多數時候都無異議同意議會與公民大會的決定，並給予重要城市免稅或名譽稱號等特權。帝國政府之所以厚待城市以自治與自由，是由於官僚機構不足；為了讓帝國穩定運行，便需要各城市自行運作。也就是說，看似矛盾的帝國統治與城市自治，在羅馬帝國裡其實有共存的必要性。事實上，這樣的共存也大致上實現了和平。各城市的富人認為，帝國和平與繁榮的基礎建立在以他們為中心的城市自治上，帝國政府也為了城市的自治，認同富人階層的存在，並允許一部分富人階層晉升帝國貴族的行列。就維持帝國運作這一點而言，可以說城市的富人與帝國政府存在著共謀關係。

但是，城市與帝國的這種緊密關係，其實僅限於羅馬居於中心、而城市服從帝國這種相互理解的狀態中。東地中海及近東地區的希臘城市與同盟，包括取得法律上的承認並獲得特權、請求排解與鄰近城市的糾紛、報告皇帝崇拜儀式的成立與獲准等等，都必須遣使謁見羅馬元老院與皇帝。本章提到的蘭普薩庫斯以及為阿布迪拉出使的提歐斯使團，就是帝國時期無數使團的先例。與此同時，帝國時期的希臘城市被要求對帝國政府絕對服從，其程度更勝希臘化時代。由於「羅馬和平」的確立，除了小型的治安機構，城市沒有自己的武裝力量；希臘化時代城市所行使的小帝國主義已然瓦解，因此實際上城市已不可能反抗帝國政府。自由發動戰爭的權利，是希臘化時代城市自治與自由的一大支柱，但在帝國時期城市的自治與自由中，這項權利受到全面限制。帝國時期的希臘作家普魯塔克（Plutarch）對希望在小亞細亞城市薩第斯大顯身手的朋友梅內馬克斯提出以下忠告：現在（亦即帝國時期）的政治人士不能只有領戰與締約的才幹，而是必須提高辯論手段，致力於獲選加入謁見皇帝的使團（《為了成為政治人士的忠告》，八〇五·A～B）。在羅馬的統治下，希臘城市的自治與自由不得不大幅改變。

帝國時期的克里特島

帝國時期希臘城市的情形，當然也適用於本章第一節提到的克里特島。在此將舉克里特為例，詳細地檢視帝國時期希臘城市及其人民的生活面貌。最後仍於前六七年被羅馬征服的克里特，與北非的昔蘭尼加合併為羅馬的一個行省，由元老院每年派來的總督管轄。行省首都設於戈爾廷（Gortyn），總督及其隨從入駐此地，另一個大城市克諾索斯則重建為羅馬殖民地尤利亞．諾比利斯．克諾索斯（Julia Nobilis Cnossus），並導入羅馬的城市政治制度。當然還有戈爾廷與克諾索斯以外的城市，不過原本克里特島在希臘化時代約有五十到六十座希臘城市，在歷經戰亂與羅馬的征服後數量銳減，到了帝國時期只剩下不到二十座。這些殘存的城市一方面各自維持政治與法律上的自治，一方面和其他城市組成克里特同盟，一起製造貨幣、舉行皇帝崇拜儀式。此外，克里特島也是知名的移民地；在共和制到帝國期間，許多羅馬退役軍人與義大利商人移民至此。

在這樣政治局勢的轉變下，克里特人的個人故事亦隨之產生巨大變化。原先為了培育戰士與強化社會紐帶，希臘化時代克里特城市的兄弟會與在男子集會所的共食儀式，在帝國時期因城市間不再征戰、義大利移民增加與城市認同因同盟出現而削弱的情況下失去存在的意義，而逐漸消失。隨之而來的是社會流動的提升，與超越城市架構的富人階層的出現。他們之中很多人擁有羅

銘文史料的縮寫一覽

AE

L'Année épigraphique, Paris, 1888-.

Austin

Austin, M.M., ed., *The Hellenistic World from Alexander to the Roman Conquest: A Selection of Ancient Sources in Translation*, 2nd ed., Cambridge, 2006.

Bagnall & Derow

Bagnall, R.S., & Derow, P., *The Hellenistic Period: Historical Sources in Translation*, 2nd ed., Oxford, 2004.

I.Cret.

Guarducci, M., *Inscriptiones Creticae*, Rome, 1935-1950.

Ma

Ma, J., *Antiochos III and the Cities of Western Asia Minor*, Paperback ed., Oxford, 2002.

SEG

Supplementum Epigraphicum Graecum, Leiden, 1923-.

Sherk

Sherk, R.K., *Rome and the Greek East to the Death of Augustus*, Cambridge, 1984.

圖 2-8　帝國時期的戈爾廷

被認為是殘存在戈爾廷的行省總督居所遺跡，占地寬廣，據稱在一公頃以上。

馬公民權，同時對城市與同盟的營運做出貢獻，以此換取榮譽。很多銘文（克里特島的主要史料）裡都記載了他們的活躍事蹟。例如提圖斯（Titus Flavius Volumnius），他是同盟舉行皇帝崇拜儀式的神官，也是主持劍鬥士競技與狩獵野獸等活動的人物（*I.Cret.* 4, no. 305）。像這樣公開活躍的克里特領導階層裡也有女性的存在，例如弗拉維亞．費琉拉（Flavia Philyra），她在戈爾廷蓋了禮拜埃及神的神殿（*SEG* 49, no.1227），還有名為亞戈的女子，她在耶拉朋塔成立了某個組織而聞名（*I.Cert.* 3.3, no.7）。在重視軍事並以內部集團為中心運作的希臘化時代城市銘文中，幾乎不存在這類個人甚至是女性受到讚譽的情形。

在帝國時期，部分克里特領導階層被視為是經濟「全球化」的受惠者。希臘化時代的克里特島儘管位於周邊諸王朝的中間點，但受激烈的城市間戰爭影響，經濟活動受限，主要只在於滿足個別城市的需求。但進入帝國時期後，戰爭結束，與義大利人及其他地區商人的交流更加頻繁，克里特商品作物的生產與輸出規模不斷躍升，其中葡萄酒和藥草尤其著名。這些克里特領導階層超越了城市的架構，彼此互相合作，並和外來商人聯手，享受著羅馬帝國的和平與經濟的「全球化」。

這種克里特島與其他地區的串聯，和第一節中傭兵哈爾馬達斯的例子有很大的不同。就擁有共通的語言與生活模式這點來說，希臘化時代的世界也是一種「全球化」世界。哈爾馬達斯在那樣的世界裡看見自己的出路，而渡海離鄉。不過，羅馬帝國的「全球化」遠遠超過哈爾馬達斯墓誌銘上所描述的世界。帝國時期的克里特城市解散軍隊，以個人為單位，挾著優越的軍事技術加入羅馬軍隊，散居帝國各地。眾所皆知，克里特士兵曾經駐紮在多瑙河流域與約旦等地，德國中部萊茵河畔的美茵茲就出土某塊拉丁文墓誌銘，當中浮現了哈爾馬達斯的後繼者們在比他所見更為廣大的世界中活躍的樣貌（*AE* 1965, no. 251）。根據此墓誌銘，克里特島出身的泰安德爾在羅馬軍隊執勤二十六年後死於美茵茲，結束四十五年的人生。

帝國的建立

讓我們言歸正傳，討論後續的歷史發展吧。

第三次馬其頓戰爭的善後事宜處理完畢後，巴爾幹半島總算回歸平靜，但這份平靜並未持續很久。謊稱是珀爾修斯之子腓力（此時已亡）的安德里斯庫斯以馬其頓為根據地反抗羅馬，建立了足以毀滅羅馬軍隊的勢力。這是前一五〇年左右的事情。此時羅馬正陷入第三次布匿戰爭的苦戰，但為殲滅假腓力仍派出大軍，並在前一四八年取得勝利。之後，馬其頓成為羅馬司令官的駐守區域（當時稱為 provincia）。另一方面，巴爾幹半島南部的亞該亞同盟則步上滅亡之路。第三次馬其頓戰爭後被拘禁於羅馬的一千名亞該亞同盟領袖們，於前一五〇年獲准回國，但有許多人早已無法返鄉。正當此時，同盟與當時成員之一的斯巴達產生嫌隙，同盟內部糾紛引來了羅馬的介入，最後演變成羅馬與亞該亞同盟的戰爭。這場發生於前一四六年的戰爭被稱為亞該亞戰爭。亞該亞同盟雖然解放奴隸，動員所有資源迎戰，但仍然敗給羅馬，主要城市科林斯被羅馬軍燒得面目全非，公民遭屠殺，女人與兒童充為奴隸。波利比烏斯來到淪陷後的科林斯，親眼看著貴重的藝術品與獻品被不知其價值的羅馬士兵踐踏摧殘（波利比烏斯，《歷史》第三九書・二）。戰後亞該亞同盟雖被允許繼續存在，但領域已大幅縮小，多數希臘城市也被要求納貢給羅馬。

直至奧古斯都建立帝國並確立「羅馬和平」前，羅馬的統治與掠奪持續了百餘年。本章雖不追述此後的發展，但還是想在最後回顧本書探討的「帝國的建立」問題，檢視其與西元前二二〇年這個轉捩點的關聯。

如同本書總論所述，皇帝的有無並非帝國建立的首要條件。把羅馬第一位皇帝奧古斯都及其後的時代稱為羅馬帝國，是基於歷史學家對羅馬的統治分期，亦即種種權力集中於一人的統治形式，繼承人亦來自統治者家族內部，是一種被普遍接受的劃分方式。不過，羅馬實際上從何時開始出現帝國統治制度，卻因不同研究者對帝國概念的定義不一，而有不同的說法。然而，一個國家被視為是帝國的條件，是什麼呢？除了總論中提到的，具備強大軍事力量與統治龐大領土的基本條件外，還有其他定義方式下的條件，例如建立核心／邊陲的統治制度，或是以民族與人種的不平等為基礎等等。

本章承襲總論中對帝國的論述，追尋波利比烏斯的腳步，將某一個特定「世界」中沒有競爭對手，實際上也被認為不存在競爭對手的國家，視為帝國建立的條件之一；位於東地中海與近東地區的羅馬帝國，便符合這項條件。至少在前二二〇年至前一六八年的這五十三年間，是羅馬逐漸確立此條件的時代。以希臘化世界的世界觀來說，則是王國競爭模式瓦解，交涉外交網絡與羅馬整合的時代。在希臘化世界，大國即使彼此間爆發激烈戰爭，也無法毀滅對手；而羅馬最初加入希臘化世界時只是其中一個競爭勢力，卻在五十三年的時間裡變成一個可以消滅對手、實際上也確實消滅了對手的國家。

最後，我們要透過第三次馬其頓戰爭的羅馬司令官保盧斯的視角，來看看東地中海與近東地區世界觀的變化。彼得那戰役勝利後，保盧斯前往希臘觀光，他參訪了德爾菲的阿波羅神殿、阿加曼農遠征特洛伊的出發地奧利斯沿岸、雅典的古希臘文明鼎盛時期遺跡、被羅馬破壞前的科林斯、埃皮達魯斯的阿斯克勒庇俄斯神殿、奧林匹亞的宙斯像……（李維《羅馬史》四五．二七～二八）。保盧斯想看的希臘，不是擁有權力與武力與羅馬競爭的希臘，而是他在荷馬史詩中讀到，憧憬與想像中的希臘。他看到和追求的東西，跟現在喜歡希臘的旅行者看到和追求的東西，幾乎是一樣的——但有一點除外。旅行途中，保盧斯在珀爾修斯敗北後的埃托利亞同盟，目睹了被親羅馬派政客與羅馬軍殺害的五百餘人葬禮。那是在敗戰後成為觀光地的希臘化世界；那已經不是前二二〇年初展現在安條克三世眼前、那個廣闊的希臘化世界。

◆ COLUMN ◆

中亞的希臘化世界

本章所討論的希臘化世界，主要範圍在東地中海和近東地區。不過，繼承了亞歷山大帝國領土的遼闊希臘化世界並不只有這裡。在此將一邊追溯建於現今阿富汗的阿伊哈努姆（Ai Khanoum）的興衰過程，一邊介紹與本章同時期的中亞希臘化世界。

阿伊哈努姆在當地烏茲別克語的意思是「月亮公主」（不知希臘語意思），據稱是西元前三〇〇年左右塞琉古王朝塞琉古一世所建，位於阿姆河（古希臘語稱歐庫蘇斯河）與廓克查河交會處，三面環繞河流與丘陵。法國考古隊自一九六四年到一九七八年在此進行挖掘。阿伊哈努姆是美索不達米亞以東唯一由正式考古團隊挖掘調查的希臘化時代城市。由於當地政情不穩，調查無法繼續，遺跡保存狀態也不甚良好，所幸在當地人們的努力下，大部分的貴重出土文物均受保護，沒有流入黑市。二〇一六年日本九州與東京兩地的國立博物館特展「黃金阿富汗」，便展出了其中的一部分。或許本書讀者也有人參觀過。

在塞琉古一世統治時期，阿伊哈努姆是王國的重要城市之一。前三世紀中期，巴克特里亞暨粟特總督狄奧多特一世（Diodotus I Soter）脫離塞琉古王朝，建立巴克特里亞王國（中國史書稱大夏）。本章第一節提及安條克三世遠征東方，當時與之對峙的人物，就是從該王國第二代君王狄奧多特二世手中篡奪王位的歐西德墨斯一世。位處巴克特里亞王國中心的阿伊哈努姆因而更加繁榮。

阿伊哈努姆城的正中央是幾乎呈南北走向的大道，西側的下城是公共機構建築物，下城的南部與位於大道東側的上城是住宅區。另外，包括半圓形的劇場與體育館（運動場）等等，城中也發現了幾處許多希臘化時代城市皆有的設施。體育館是為了公民子弟們設立的教育設施，希臘化時代被稱為第二廣場（agora，是居民談論政治、談論哲學及相互結識的場所），在城市運作中具有重要功能。阿伊哈努姆的體育館出土了應是在此接受崇拜的大力士海克力斯雕像。這些公共設施建物中，部分柱頭的裝飾為科林斯樣式，排水管出口則模仿戲劇面具的形狀。另外，阿伊哈努姆也出土了一些哲學書殘篇，被認為應是亞里斯多德（Aristotle）或其哲學流派的逍遙學派（Peripatetic）著作。還有，宮殿的寶物庫發現了用古希臘文註明是保存銀幣與橄欖油等物的雙耳瓶（有兩個把手，頸部細長的陶瓷瓶），這暗示王國內部存在著徵收物資與再分配的情形。

出土文物中最引人注目的，是在紀念首批殖民團領袖色薩利人基尼斯（Kineas）的神廟中豎立的碑文。出身地中海賽普勒斯島北岸城市索利的哲學家克里楚斯（Clearchus of Soli，生於前三五〇年左右）抄錄希臘中部知名阿波羅聖地德爾菲（Delphic）的箴言，並將之刻於碑上，供奉在阿伊哈努姆的神廟內。箴言內容與孔子《論語》的名句雷同，意思是每個年齡階段皆有其應有的行止。譬如以筆者現在的年紀（中年），就必須是個「懂正義的人」。從賽普勒斯島到阿伊哈努姆，克里楚斯越過這直線三千公里的距離，行經亞歷山大大帝與塞琉古王朝君王建設的一座座城市，旅程間大概只要說希臘語就能暢行無阻。這樣的事實讓人真切感受到希臘化世界在近東與中亞地區的擴展。

◆ COLUMN ◆

不過，如果這樣就認為阿伊哈努姆與本章提到的小亞細亞的提歐斯是完全相同的希臘城市，那就太早下定論了。阿伊哈努姆並未出土刻著城市決議的銘文，也沒有相當於希臘城市中心的廣場那樣的設施。從出土的文字史料大多是古希臘文看來，希臘語在當地占優勢，不過住在這裡的民族卻多元紛雜，有希臘馬其頓人、伊朗人，還有巴克特里亞人等等，可以想像他們在此相互通婚、融合。此外，這裡的巨大宮殿是一般希臘城市看不到的，反而在亞歷山大大帝征服前統治此區域的波斯阿契美尼德王朝主要城市中常可看見此特徵。阿伊哈努姆的存在，提醒了我們希臘化世界的多樣性，及以地中海為中心的古典時代史觀的危險性。

然而阿伊哈努姆的繁榮並不長久。約莫前二世紀中期，巴爾幹半島的科林斯化為灰燼的同一時期，阿伊哈努姆因周邊游牧民族的竄動遷移而毀滅，至少被認為不再具備城市的機能。

箴言的最後五句，刻於基座上，其文如下：

少年時，舉止得當；
青年時，學會自制；
中年時，正義行事；
老年時，良言善導；
臨終時，死而無憾。

基座左邊的四行是跋語，其文如下：

顯示古人賢明的聖人金言，
奉獻給神聖的德爾菲神殿。
在那裡克里楚斯認真抄寫，
為在輝耀遠方的基尼斯神廟而鐫刻。

圖 2-9　刻著古希臘語碑文的基座台

置於基尼斯神廟的紀念碑基座部分，可以看到刻有碑文。藏於阿富汗國立博物館。

阿伊哈努姆

第三章　成為帝國之民，在帝國生活

南川高志

1　帝國創造的羅馬皇帝

征服者羅馬的變化

西元前一四六年，羅馬終於消滅長年的宿敵迦太基，並壓制叛變的馬其頓，設置行省，將其納入統治。同年，羅馬擊潰了挑起戰事的希臘亞該亞同盟軍隊，摧毀了同盟之一的科林斯城。前一三三年，伊比利半島抵抗羅馬的主要勢力努曼西亞投降，羅馬成功撫平了當地的大規模叛亂。於是，羅馬的勢力控制了地中海東西兩部，擴大了統治範圍，連不在其統治下的國家也深受威脅。至此，羅馬正式帝國化了。

在敗給羅馬而被納入直接統治的區域裡，居民是被征服者，過著服從征服者的日子。不過，除了迦太基或科林斯那樣的特例外，羅馬幾乎不會破壞城市，也不會強制居民搬到其他地方，被征服者可以維持原先的生活，只是必須接受羅馬統治。雖然對被征服者而言，這樣的日子依舊充滿苦難，但如同後面將提到的，隨著時間經過，統治的方式與負責的統治者發生變化，被征服者的處境亦有所轉變。原本在戰爭時的征服者與被征服者，雙方的性質與關係逐漸轉變，前二世紀羅馬開始帝國化時的國家樣貌，與二世紀帝國化完成時的國家樣貌全然不同。本章將分析並說明此變化過程和被完成的「帝國」樣貌，以釐清所謂「轉換期」之後的結果及其意義。

帝國的建立，不僅將被征服者們帶向新的狀態，也改變了做為征服者的羅馬人。羅馬人自建國以來，從城邦往帝國的架構逐步發展，原本共和政體運作的主軸——元老院集體領導體制亦瓦解。在檢視被征服者們後來的樣貌之前，讓我們先來看看這部分。

共和制羅馬遵循城邦原則，軍隊由城市的正式成員，也就是羅馬的男性公民組成。自己的國家當然由自己來守衛。要打仗時由國家徵兵，戰爭結束後軍隊解散，士兵回歸一般公民的日常生活。但當戰爭時間拉長，戰場從羅馬或義大利轉換到遙遠的地區時，出征對原本是農民的士兵而言變成一件苦差事，也造成極大的經濟損失。因此，第三次布匿戰爭開始前的前一五一年及第三次布匿戰爭後的前一三八年，皆發生了公民逃避徵兵、執政官欲強制執行而遭護民官拘捕的重大事件。

之所以發生此等事件，跟以往做為軍隊核心的羅馬公民，尤其是中小自耕農的困境有關。靠著連年不斷征伐，以元老院貴族為中心的富人階層占據了自敵方沒收的國有土地，利用奴隸展開大規模的商品作物栽種，獲得了龐大的利益。但實際從軍的羅馬公民兵，尤其是中小自耕農們，卻只得到疲弊困頓。這時，有兩位人物打算推動土地重分配，並重建軍事力量，將農民從苦境中拯救出來。他們就是被稱為格拉古兄弟的提比略・格拉古與蓋約・格拉古（Gaius Sempronius Gracchus）。

哥哥提比略．格拉古在前一三三年就任護民官。他提出土地法案，設定國有土地私用的占有上限，讓超過上限者歸還土地，並分配給貧窮的農民。為了推動土地改革，提比略採行了三個極具爭議的手段，來對抗持有廣大土地的元老院貴族：一、在公民大會罷免反對土地改革的護民官同僚，通過土地法；二、無視傳統上決定政策方向的元老院，動用自身權力，以帕加馬國王贈與羅馬的遺產做為改革資金；三、再度連任護民官。這些行為被視為違反了元老院主導的共和政體「國制」，最後提比略被他的表兄、激憤的元老院貴族西庇阿．納西卡．塞拉皮奧（Publius Cornelius Scipio Nasica Serapio）所殺，其支持者也盡數遭害。

提比略．格拉古死後，土地重分配的工作仍以公民大會通過的土地法為基準，並由公職的三人委員負責執行。前一二三年，弟弟蓋約．格拉古就任護民官，企圖推動比兄長提比略．格拉古更多的改革。除了土地改革外，他企圖改革法庭與稅收制度，並起用有騎士身分的人來壓制元老院議員等等，嘗試挑戰元老院主導下的羅馬共和體制。為了羅馬民眾，他亦制定了決定穀物價格上限的穀物法。此外，還推動授與義大利其他城市公民權與前進非洲的殖民政策。

蓋約．格拉古有許多支持者，但前一二一年蓋約因施政失敗而失去民眾支持，在第三次護民官競選中落敗。對此，元老院的改革反對派基於「元老院最終決議」的「執政官應守護國家，其措舉不應使國家受到任何損害」，襲擊蓋約的支持者。根據二世紀作家普魯塔克的記述，兩派之間的衝突造成三千人死亡，蓋約也自殺身亡。不久後土地重分配的工作停止，前一一一年訂定新的土地法，富人侵占的廣大私有土地大部分都予以承認。藉由土地重分配來救濟貧困農民的道路就此阻斷。

城邦公民軍架構的崩塌

格拉古兄弟改革失敗，無法藉由重分配土地來振興中小自耕農，而自耕農的衰退，導致了羅馬軍事力量的弱化；實際上，自前二世紀末以來數次爆發的戰爭中，羅馬便屢嚐敗績。蓋烏斯・馬略（Gaius Marius）便在這樣的局勢下嶄露頭角。馬略並非來自於元老院議員世家，而是出身騎士身分家族，因展現出軍事才能獲得群眾擁戴，並從前一〇四年起連續六次當選執政官。

擔任執政官期間，馬略實行了前所未見的募兵措施：由將領提供裝備和訓練，招募羅馬共和制度下無法自備武器從軍的無產公民，讓他們上戰場。歷史學者稱之為「馬略改革」，是為了對應公民軍體制瓦解而實施的方案，強調這是羅馬軍制的一大轉變。確實，按照城邦原則由公民自備武裝從軍的體制逐漸崩塌，馬略改革可說是將領自行負擔組軍的先驅。一般公民的徵兵仍然存在，徵兵方式並未因此一舉改變，卻開啟了馬略改革這個不符城邦公民軍原則、由具備實力的個人負擔組軍責任的體系，值得注目。招募而來的士兵不再為了國家，而是為將領而戰。此外，這些兼具政治實力的將領通過法案，派遣自己軍隊的退役軍人前往殖民，讓他們在離開軍隊後可以過著自有地農民的生活。這讓原本無產的士兵，在將領的照顧下有機會獲得有產生活；不用說，他們的後代子孫也會受到庇蔭。

羅馬帝國化後，原先的城邦基礎原則也迅速產生轉變，但變化不僅僅在兵制上。羅馬共和政體的軍事指揮權原本握於任期一年的執行官和司法官等高級公職人員手中，但當戰爭地點遙遠、時間拉長時，便出現許多無法在一年任期中結束的情況。因此，在戰地指揮軍隊的執政官即使任期結束，仍可以代理執政官的身分繼續指揮。由於帝國成立後必須統治廣大的領土，因此傳統的政治制度逐漸無法維持。

從元老院寡頭領導走向個人獨裁

格拉古兄弟改革失敗後，對於帝國化後的羅馬應如何運作分成了兩派，彼此間的衝突使羅馬出現一連串騷亂。這兩派分別是主張維持原本以元老院多數派為中心、寡頭式領導體制的派系，以及延續格拉古兄弟改革、以公民大會為中心立法實施政策的派系。前者被稱為「Optimates」，後者被稱為「Populares」。儘管身處不同派系，成員卻都是屬於元老院統治階層的人們，所謂不同派系只是政治路線不同；然而「Optimates」常被譯為「貴族派」，而「Populares」則被譯為「平民派」，有不少學者指出這樣的翻譯容易產生誤解。

兩派之爭雖然激烈，但帝國化帶來的影響更勝於此。到了前一世紀，統治黑海東南岸的本都王國米特里達梯六世（Mithradates VI Eupator，前一二〇～前六三年在位）西進，擊退了羅馬駐軍，將整個小亞細亞納入統治範圍，勢力甚至擴展到愛琴海諸島與希臘本土。由於很多羅馬人遭害，共和羅馬遂展開反擊。在始於前八八年的米特里達梯戰爭期間，前面提到的馬略與這一年就任執政官的軍事將領蘇拉的對抗十分激烈，雙方甚至在首都羅馬城爆發流血肅殺事件。前八一年，贏得最終勝利的蘇拉成為獨裁官（dictator），他維持以元老院為中心的傳統體制，並實行種種措施。但蘇拉於前七九年引退並於翌年過世，想要守住蘇拉體制的一方與反對派系發生對抗。這個時期身為蘇拉屬下的龐培，採取了超越兩派系的行動。

龐培出身自元老院的貴族世家，繼承了父親的勢力，才二十三歲便能組織軍隊為蘇拉效命。前八〇年，年僅二十六的龐培就任大統帥（Imperator），舉行了凱旋式，並獲得意為偉大之人的「馬格努斯」（Magnus）稱號。接著龐培在西班牙的戰爭中取得勝利，在前七一年舉行了第二次凱旋式，是史上少有的榮譽。此外在前七〇年，三十六歲的龐培初任公職即獲選執政官。然而這種個人的榮譽成就在前二世紀西班牙戰爭時期便開始出現，龐培的經歷還不算特別例外。

不過，如此卓越的個人成就與榮譽，卻不受貴族派待見。希望獲得貴族支持的龐培因而氣餒，不得不轉而尋求公民大會的支持。龐培在前六七年的公民大會靠著護民官提案立法，掌握了為征討地中海海盜而授予的統帥權。在成功征伐海盜後，隔年又在公民大會立法下，取得攻打前述米特里達梯六世的統帥權，結束了漫長的米特里達梯戰爭。此外，前六四年龐培滅了塞琉古王朝敘利亞王國，將敘利亞和巴勒斯坦納入羅馬統治，在前六一年迎來了人生的第三次凱旋式。就這樣，龐培成為羅馬政界的頂尖人物，但他仍然得不到貴族派的支持。因此，龐培決定無視元老院，與平民派的野心政治人物凱撒及同在前七〇年擔任執政官的克拉蘇（Marcus Licinius Crassus）祕密結盟，處理羅馬的國政。這就是所謂的前三頭同盟政治。

從龐培的經歷與功績中首先可以發現，羅馬在政治上從元老院的寡頭領導體制，轉向個人獨裁的變化。另一項更值得注意的，則是龐培征討海盜時獲得的「統帥權」權限。依據前六七年護民官加比尼烏斯提案所立下的法律，龐培被賦予比各行省總督更高的地位，擁有等同於代理執政官的軍隊指揮權，他的軍隊指揮權涵蓋全地中海，及從沿岸往內陸延展七十五公里左右的範圍，持續時間為兩年。此外，龐培還擁有國庫的自由裁量權，與召集十二萬名士兵和兩百艘船隻的權限。這已是非常罕見的極大權限了，但龐培還可以按自己的判斷，決定十五名相當於司法官地位的代理人(legatus)人選。在羅馬共和制傳統中，只有透過人們投票所選出者才能擔任執政官與司法官等公職，但龐培卻可依個人意志選擇相當於司法官的代理人。這樣的作法嚴重違反了傳統。這也是後來的新體制——奧古斯都的帝國統治——的重要先例。

自帝國而生的羅馬皇帝

前三頭同盟成立後，凱撒也得到了和先前賦予龐培兩年大權的相同權限。羅馬委託凱撒征討高盧，並賦予他長達五年的軍事指揮權。前五五年時，他的指揮權又再延長了五年。

同年，龐培也被授予在西班牙的五年軍事指揮權，但龐培本人仍然留在羅馬城，將行省統治交由代理人處理，此亦為日後羅馬皇帝統治帝國方式的先例。前五二年時，這項權限再度被延長。龐培在前三頭同盟時期時被委以穩定供應羅馬穀物的任務，委託的期限也是五年。就這樣，共和羅馬不僅政治制度發生變化，做為政治基軸的元老院寡頭領導體制也因獨裁個人權限的擴大而不得不退讓。

前五四年龐培妻子茱利亞（也是凱撒的女兒）去世，翌年克拉蘇遠征帕提亞失利而亡，龐培與元老院的保守派合作，與凱撒逐漸形成敵對狀態。前四八年，雙雄終於爆發衝突，最後龐培戰敗，在逃亡埃及時遭暗殺。獲勝的凱撒擴大個人權限，程度更勝龐培。凱撒自前四八年起每年當選執政官，並於前四五年就任為期十年的執政官。他以戰勝時軍隊歡呼的「統帥」稱號為其頭銜，並擁有國庫的使用權，在元老院的兩席執政官中占有一席，永遠保有最先發言的權限，還具有護民官的神聖不可侵犯性。凱撒取得這些權限，經常穿著凱旋式時將軍穿的凱旋式服與桂冠，並擁有最高祭司的地位；凱撒的生日甚至成為國家的節日。他的地位遠非過去羅馬公民政治家可以比擬。

這樣的凱撒，在西元前四四年被共和制的擁護者暗殺。凱撒死後，其生前指定的繼承人屋大維與兩位部下馬克・安東尼（Marcus Antonius）和雷必達（Marcus Aemilius Lepidus）三人聯合，開始了「國家重建三人委員」（tresviri rei publicae constituendae）的統治（也就是所謂的後三頭同盟），揪出暗殺凱撒者，並擊退對抗凱撒的元老院保守派。在這種情況下，要維持實質的共和政體變得困難重重。前三六年，國家重建三人委員中的雷必達失勢，剩下的安東尼與屋大維衝突漸增，終於爆發內戰，最後的贏家是屋大維。內戰結束後，屋大維像曾經的龐培那樣，將握在手中的統帥權歸還羅馬。對此，元老院在前二七年的一月尊稱屋大維為「奧古斯都」（以下均以奧古斯都稱之），同時委任奧古斯都管理十個行省。奧古斯都雖為這些行省的總督，但本人仍然居住在羅馬城內，可自行決定派任行省的代理人。又由於行省的統治，奧古斯都再度掌握了先前歸還的軍隊指揮權，任命自己的代理人為軍團司令官。原本不可能出現在共和政體下的狀況，在委任龐培討伐海盜授予統帥權時首開先例，又在前三頭同盟時的西班牙統治權上再次破例。共和末期獨裁個人所握有的權限逐漸成為慣例，最終集於奧古斯都一身，漸漸轉為新的政治體制。

奧古斯都欲恢復傳統共和體制，以元首（第一公民）的立場實施統治，故其體制被稱為元首政治（Principate）。然而他仍繼承了來自龐培的法律權限，以及來自凱撒的個人權威與榮譽；即便奧古斯都未任其位，仍舊握有國家最高公職的執政官，以及神聖不可侵犯的護民官等要職權限，他也出任了最高祭司。因此，奧古斯都的政治體制毫無疑問地，是擁有強大權限與無人出其右的獨裁體制。

就這樣，前二世紀羅馬的帝國化，迫使羅馬人產生了許多變化。隨之而來的動蕩，讓羅馬走向貴族寡頭領導的瓦解，以及獨裁統治的成立。在名義上「羅馬皇帝」的新法律制度雖然尚未誕生，但配合擁有廣闊領土的帝國統治現狀而生的改變，在實質上讓羅馬皇帝的權力及統治體制得以誕生。是帝國創造了皇帝。

2 成為帝國之民

「羅馬公民」的變化

接下來要探討本章的主要問題：羅馬所統治的地區，在帝國化下出現什麼樣的變化。

在帝國化的過程逐漸接近結束的前二世紀後期，羅馬在法律上可區分為三個地區。第一個是羅馬城，擁有羅馬公民權的公民是帝國統治的正式成員；第二個是義大利半島，半島居民與城市的法律地位，按先前各自與羅馬的關係而有種種不同；第三個是義大利半島以外的羅馬統治地區，也就是羅馬公職人員統治的「行省」。在帝國化的過程中，第二個地區，亦即義大利城市與居民的問題最大。

當羅馬勢力不斷擴張，其正式成員的法律權利——羅馬公民權變成了一種特權。羅馬公民權包括公民大會表決權、擔任公職人員的被選舉權、合法結婚權、財產權、訴訟權等等，而羅馬在征服義大利半島的過程中，會依狀況給予其他城市居民等同於羅馬的公民權，對統治被征服區域有所助益。前四世紀後期，拉丁聯盟因羅馬而瓦解，義大利各城市分別與羅馬締結條約，結果分別變成納入羅馬的「自治市」（municipium）、保有獨立的「同盟市」（socii），或由羅馬公民移入的「殖民地」等等。其中自治市的居民包括享有完整羅馬公民權的公民，以及無表決權的次等羅馬公民權公民。義大利市民遵守羅馬政策，加入羅馬軍，在羅馬帝國化過程中不斷要求擁有完整的羅馬公民權。然而羅馬政界對此問題的態度，從格拉古兄弟改革開始就搖擺不定。

前九一年，致力促成授予同盟市羅馬公民權的護民官遭暗殺，讓諸同盟市紛紛起而對抗羅馬，設置自己的公民大會與元老院。這就是所謂的同盟者戰爭。面對同盟市的抗爭，羅馬當局不得不讓步，即使在前八九年展開鎮壓行動，之後也給予波河以南的同盟市羅馬公民權。然而大量增加的新羅馬公民要登錄在哪一區（tribus）成了新的問題，這也是前八〇年代羅馬政界的對立原因。撇開這些問題不談，同盟者戰爭讓「羅馬公民」的意義與地理位置脫鉤，不再侷限於羅馬城內。享有羅馬公民權的「羅馬人」遠離故土，成為一種普遍性意義。前一六八年戰勝馬其頓，讓羅馬得到鉅額賠償金與貢品，因而宣布停止對義大利的羅馬公民徵收直接稅。免徵租稅的權利是住在義大利的羅馬公民的特權，後來這項權利以「義大利權」（Ius Italicum）之名被賦予給行省民。至此，「羅馬公民」的意義不只脫離了羅馬城，更脫離了義大利半島。

超越地中海帝國

前二世紀後期，除了義大利半島外，羅馬的統治疆域西達法國與伊比利半島南部，以及曾為迦太基統治的北非，東達舊馬其頓王國與巴爾幹半島，並延伸至小亞細亞西部。到了前一世紀，在龐培的軍事行動下，敘利亞和巴勒斯坦地區也成為羅馬帝國的領土。而打敗龐培的凱撒，更在與龐培殘存勢力的作戰中控制了北非。接下來屋大維與安東尼內戰時，也與安東尼結盟的埃及克麗奧佩脫拉七世開戰（正確來說，屋大維的宣戰對象是克麗奧佩脫拉七世），得勝後托勒密王朝滅亡，

全盛時期的羅馬帝國（二世紀初）

埃及亦歸羅馬統治。屋大維成為奧古斯都後，便著手將整個伊比利半島納入統治，最後把指揮權交給盟友阿格里帕(Marcus Vipsanius Agrippa)，於前一九年平定伊比利半島。就這樣，環地中海地區在皇帝統治初期，幾乎都納入了帝國的直接統治區域。

但是，羅馬帝國之所以值得大書特書，並不在於它統治了與本土義大利氣候風土差異不大的環地中海地區，而是將生活條件明顯迥異的歐洲內陸，甚至是一海之隔的北方不列顛島亦即現今英國，都納入了統治疆域。

讓阿爾卑斯山以北地區成為羅馬帝國領土，達成此成就的是前三頭時期的凱撒。凱撒經歷艱苦的戰鬥，成功將法國中北部地區納為羅馬疆土。在「遠征高盧」期間，羅馬軍追擊敵人到萊茵河一帶。此外，凱撒亦曾於前五五年與前五四年兩度渡海至不列顛島，雖未征服該島，但他考查了遠離義大利的極北之地，也算是個成果。

奧古斯都背負了超越養父凱撒的宿命，命令親族提比利烏斯與德魯蘇斯從萊茵河往東北進軍。羅馬軍隊深入日耳曼尼亞展開攻擊，德魯蘇斯更一路攻到易北河。之後德魯蘇斯在邊境去世，後繼司令官瓦魯斯率領了三支正規軍團，卻在西元九年的條頓堡森林戰役中遭日耳曼尼亞人殲滅，全面征服日耳曼尼亞的計畫也跟著終結。另一頭，原本已攻打到現今波希米亞附近的提比利烏斯也撤退，為處理多瑙河占領地的羅馬軍叛亂而無暇他顧。

就這樣，萊茵河及多瑙河以外的東北地區沒能成為帝國的直接統治區域。不過，萊茵河西側與多瑙河南側都成為羅馬的行省。西元四三年，皇帝克勞狄烏斯（Claudius）派軍攻打不列顛島，占領了該島西南部，並宣布設立行省。接著羅馬軍又繼續朝不列顛島的西側與北側前進，到了一世紀後期，現今英格蘭與威爾斯的大部分地區都在羅馬的控制下。羅馬雖然沒有進攻到北部蘇格蘭，但七〇年代末羅馬艦隊曾繞到不列顛島北側，從地理探索方面來說，羅馬也算「征服」了不列顛島。羅馬人的征服活動還未停歇，二世紀初圖拉真占領了多瑙河北部的達契亞人居住地，並在此設立行省。此時羅馬帝國的威望已然擴展到多瑙河口與黑海北岸。

在環地中海居民眼中，阿爾卑斯山北側的遼闊地帶是野蠻人盤據之地，這些甫被征服的區域居民人數也不多。但在羅馬軍隊持續的征服與占領下，羅馬的語言、法律、宗教逐漸傳入這些地區，羅馬式的生活被帶到氣候風俗迥異於義大利半島的內陸地帶，大幅改變了被征服者的世界。不久之後，與高盧、日耳曼尼亞及多瑙河沿岸等外部世界接壤的邊境行省誕生了許多新城市，人口也逐漸增加。商人的活動也擴展到萊茵河與多瑙河以外。羅馬跨出了以地中海為基礎的帝國，邁向新的「世界帝國」。

被征服地區的變化

本書第一章以伊比利半島為例，清楚描述了當時被侵略的人們是如何面對帝國化的羅馬。前面介紹過原住民壯烈反抗的事蹟，但羅馬勝利後，這些地方又有了怎樣的變化呢？接下來就先就從伊比利半島開始，來看看被征服地區後來的情形。

前一三三年，伊比利半島的努曼西亞投降，主要的叛亂受到控制，但戰亂並未因此消失。除了原住民與羅馬軍人的戰爭，當地也捲入了馬略集團與蘇拉集團的鬥爭，又在前四九年成了凱撒與龐培的內戰戰場。直至前四五年凱撒的蒙達戰役獲勝之前，伊比利半島始終是戰地。

如前所述，奧古斯都一直努力要統治整個伊比利半島。在盟友阿格里帕遠征成功後，終於在前一九年將伊比利半島全域納入羅馬統治，並設置了三個行省，即近西班牙、貝提卡與盧西塔尼亞。近西班牙行省由伊比利半島的東北與北部組成，幅員廣闊，行省首都是塔拉科（Tarraco，即今日西班牙塔拉哥納）。近西班牙後來被稱為塔拉科西班牙，行省中包括了新的征服地，因此一開始駐紮了不少羅馬軍團，但在行省統治穩定後，軍團便轉往其他地區。貝提亞行省設於伊比利半島南部，相當於現在的安達魯西亞，行省首都在科爾杜瓦。相較於伊比利半島其他地方，甚至是羅馬帝國的其他地區，科爾杜瓦被認為自相當早期起就傳入羅馬式的生活並為當地接受。而位於約莫現今葡萄牙的伊比利半島西岸，尤其是西岸中部到南部的盧西塔尼亞行省，首都則是埃梅里達．奧古斯塔，也就是現在還看得到阿格里帕修建的羅馬劇場與圖拉真拱門遺跡的梅里達。

伊比利半島的原住民尤其是凱爾特人不熱衷發展城市，但希臘人與迦太基人卻早早就開始殖民並建立城市，而羅馬的退役軍人也自前二世紀起在此建立殖民地。奧古斯都繼續推動始自凱撒時代的殖民事業，讓退役將士移民此處，建立了不少殖民地，並給予當地的原住民羅馬公民權，羅馬公民居住的自治市數量因此增加。另外，擁有和羅馬公民權相比少了投票權的拉丁公民權（ius Latii）城市也增加了。

具體將這樣的城市情況記載下來的，是在一世紀中葉大放光彩的老普林尼（Gaius Plinius Secundus）。根據老普林尼的著作《博物志》（*Naturalis Historia*）第三卷七所述，明顯較早傳入羅馬生活模式的地區，是伊比利半島南部的貝提卡行省，該行省有九個羅馬公民的殖民地，十個「羅馬公民的自治市」，二十七個「擁有拉丁權的自治市」，六個被稱為「自由城市」的居住地，三個同盟市，和一百二十個「被要求納稅的城市」，合起來共有一百七十五座城市的定居聚落。

老普林尼自述，他的記述依據是完成征服伊比利大業的阿格里帕的資料。根據二世紀托勒密（Claudius Ptolemaeus）的《地理學指南》（*Geography*）記載，伊比利半島的羅馬帝國領土內有將近四百個聚落，但貝提卡只有八十四個。上述資料及其來源的檢視自不用說，在老普林尼所分類的範疇中包含了什麼樣的城市聚落，這類問題也需要更精細的分析，各國學者也都做了嘗試。然而，在大部分殖民地尚未被發掘出來的情況下，現階段很難有正確的數據。

姑且不論數字是否正確，學界普遍認為老普林尼記述所呈現的大致狀況可信。若遵循這個看法，在老普林尼出生後的一世紀中葉左右，以南部為中心的伊比利半島上存在著許多城市。而加速這些城市發展的，是老普林尼所侍奉的羅馬皇帝維斯帕先（Vespasian，六九～七九年在位）。他在尼祿（Nero）皇帝死後的內亂中取得勝利，登上羅馬皇帝之位，並給予伊比利半島上先前移民的居住城市拉丁權，無論城市規模大小均統一賜予。在擁有拉丁權的自治市，曾任城市公職者可獲得羅馬公民權，享有羅馬公民權的人數因此增加，他們居住的城市也發展成具備羅馬城市制度的自治市。在羅馬統治下，伊比利半島城市羅馬化的發展狀況之所以較其他地方的城市更容易了解，是因為半島上包括烏爾索、薩爾班薩、馬拉加和伊魯尼等古城遺址，都發現了刻在青銅版上的城市條例，得以提供後世足夠的研究資料。

雖然羅馬在征服一個新地區後，會從中央派遣總督與軍團司令官到被征服地區，但當地行省是以這類城市為行政單位，委由城市自治。在帝國西部諸行省，殖民地與自治市設置了模仿羅馬城的政治制度、模仿元老院的議會（curia）、模仿執政官的二人官（duoviri）等城市公職人員，也設立了選舉公職的公民大會。屬於議會的城市議員（decuriones）則組成了統治單位，負責城市的

帝國前期的伊比利半島

行政、司法、徵稅等重要任務。不僅如此，他們還捐贈公共建築與娛樂設施、提供觀賞節目、贊助文化活動，並協助城市的建設與發展。在伊比利半島，加入議會的人大多是城市周圍土地所有人，他們經營農場致富，不僅生產穀物，也生產葡萄酒、橄欖油和魚醬（garum，調味料）等產品。橄欖油與魚醬也做為商品被輸送到義大利。

一世紀初由塔拉科開啟先河後，伊比利半島各行省興建羅馬式的神殿，不僅用來舉辦崇拜皇帝的儀式，也成為城市代表們聚集召開會議的場所。而參與會議的主要成員是身為羅馬帝國統治單位，被委以城市行政事務的權貴人士。他們禮拜羅馬皇帝，也向皇帝的政府陳情。英國學者凱利（Christopher Kelly）發現，羅馬帝國之所以成功，在於迅速將屈服於羅馬的行省權貴重新組織為帝國的統治階層。羅馬讓被統治地區的權貴成為統治的伙伴。

從被征服的土地到帝國政治

在伊比利半島，以南部的貝提卡為中心，不只有來自羅馬城與義大利的移民或退役軍人建設和發展的城市，也有很多原住民成為羅馬公民並推動羅馬化的城市。凱撒與奧古斯都雖然鼓勵退役將士移民，但最終目的並不在於殖民，而是在於賦予原住民城市聚落法律上的地位，將其編入羅馬帝國的統治制度內。這些由原住民聚落發展起來的城市數量增加，居民獲得羅馬公民身分後也變得更活躍。不只如此，各城市內也出現一些極富聲望的議員，逐步躍升進入帝國中央的政治圈。

其實羅馬中央政壇早在前一世紀初就已出現伊比利半島出身的人士，曾出任護民官的昆圖斯·瓦利烏斯·塞維魯斯（Quintus Varius Severus）就是一例。他是首位非義大利出身的元老院議員。此外，前四〇年也出現了首位非義大利出身的執政官魯基烏斯·科爾內利烏斯·巴爾布斯（Lucius Cornelius Balbus），他來自貝提卡行省南部城市加的斯。

在奧古斯都時期，由於羅馬社會特權階級的重組，位於帝國第二高統治階級的騎士人數在伊比利半島不斷增加。其中一位名人為盧基烏斯·阿奈烏斯·塞內卡（Lucius Annaeus Seneca the

Elder），通稱老塞內卡，是科爾杜瓦出身的雄辯家，留有不少著作。老塞內卡為了教育辯論家的演講集《說服性演說》(*Suasoriae*)、《論爭問題》(*Controversiae*)流傳至今，讓我們了解到當時辯論教育的實況。一世紀後期，被羅馬皇帝維斯帕先任命為講座教授的修辭學者昆體良（Marcus Fabius Quintilianus）也出身伊比利半島。儘管時代從羅馬共和前進到帝國時期，但對羅馬人而言，「辯論」與「修辭學」仍是在政界與上層社會活動的必要能力。修辭學素養即是具備古典知識，能在辯論時運用優美辭藻闡述的能力。要成為羅馬帝國時期政治領導階層的一員，就不能沒有修辭學素養。伊比利半島出身的昆體良不僅學習了修辭的能力，甚至還可以教授他人。

老塞內卡的兒子是斯多噶派哲學家、著名的悲劇作家盧基烏斯·阿奈烏斯·塞內卡（跟父親同名，又稱小塞內卡）。他是元老院議員，在尼祿統治前期是皇帝的家庭教師及近臣，頗受重用。之後小塞內卡捲入六五年貴族皮索謀反尼祿事件，被強逼自殺。同為科爾杜瓦出身，他的侄子詩人盧坎也因這次陰謀事件被殺。然而伊比利半島出身者並未因此停下進入政界的腳步。維斯帕先在位期間，後來羅馬皇帝圖拉真的父親（與圖拉真同名），以及皇帝奧里略（Aurelius）的祖父馬庫斯·安尼烏斯·維魯斯（Marcus Annius Verus II）等顯赫貴族（patricius），都是出身貝提卡行省（伊大利卡與烏庫比）。而維斯帕先次子圖密善（Domitian，八一～九六年在位）擔任皇帝時，在已知出身地的元老院議員中，和高盧諸行省一樣，來自伊比利半島的議員占了很大比例。由於進入中央政界的人數眾多，二世紀時便陸續出現來自伊比利半島權勢家族的皇帝，包括五賢帝中的圖拉真、哈德良及奧里略都出自該地。過去與共和羅馬為敵的地區，現在卻出了治理羅馬的統治者。

「羅馬化」的實際情況

根據上述的情況，或許可以做出以下解釋：羅馬帝國征服伊比利半島後，並未強迫人們繼續過著嚴苛的奴隸生活，反而因帝國統治為當地人們帶來繁榮的城市生活，甚至孕育出統治者。但如此簡化的解釋，是否正確？

羅馬帝國建立，尤其在皇帝統治開始後的二世紀期間，羅馬的語言、法律、宗教傳播到義大利以外的被征服地區，各地普遍形成羅馬式生活的城市。十九世紀羅馬史家特奧多爾·蒙森（Theodor Mommsen）稱此現象為「羅馬化」，以此論述帝國均質化的過程。二十世紀初英國學者法蘭西斯·哈弗菲爾德（Francis John Haverfield）以不列顛島為主要對象討論「羅馬化」，並在此概念中加入「文明化」的意涵；相較於羅馬人對征服地區的統治與剝削，他更強調「文明化」層面的意義。此定義下的「羅馬化」概念與之後歷史考古學研究及遺跡發掘作業上的定義並無衝突，故而被普遍使用。

不過到了一九九〇年代，英國的考古學者們引入後殖民主義的觀點，批評所謂的「羅馬化」概念是帝國主義思潮的產物，存在著很多問題。如今「羅馬化」與「羅馬帝國主義」的歷史概念相連，被納入更大的脈絡中討論，包括羅馬征服與統治世界之目的，以及最後帶來怎樣的後果等問題。

對照學界狀況，前述伊比利半島羅馬行省的發展過程就有應注意之處，那就是貝提卡行省。不只在伊比利半島內部，在諸多羅馬行省中，貝提卡的「羅馬化」程度非常明顯而引人注目。然而人們對於貝提卡「羅馬化」程度的了解，與其說是來自分析嚴謹史料與考古資料後得到的解釋，不如說是從羅馬時代文學作品中傳遞出來的印象。其中最具代表性的記述之一，是以下帝國初期學者斯特拉波（Strabo）著作中的一節：

> 實際的情況是，圖爾德泰尼族——尤其是住在巴埃蒂斯河周邊居民的生活方式，已經完全改為羅馬式的生活方式，甚至連自己的語言都快記不住了。人們幾乎都擁有拉丁權身分。由於接受了羅馬人的殖民，說所有的人都是羅馬人，似乎也沒有錯。
>
> ——《地理學》三・二・一五

前面介紹過，老普林尼表示貝提卡行省有一百七十五座城市聚落（老普林尼《博物誌》中標記為「oppida」），也深化了這類印象。在現今西班牙安達魯西亞一帶遍布的羅馬遺跡，也讓人感受到羅馬化的顯著程度（參閱第一章的照片）。不過，儘管老普林尼有那樣的記述，但根據對實存城市進行的鑑定分析，除了九個殖民地外，其他能確認具羅馬法定地位的城市很少，有七成以上的城市並無羅馬法律地位。另外，英國學者費亞（A. T. Fear）也重新檢視貝提卡行省的「羅馬化」，認為從義大利移民到貝提卡定居的羅馬公民人數較從前推論的規模要小，而輸出自貝提卡的農產品與橄欖油數量也不多。根據費亞的說法，在貝提卡當地鑄造的錢幣文字即便是拉丁文，也以原住民的圖案搭配，顯然是一種折衷狀態。

曾被羅馬帝國統治的伊比利半島出土了許多原住民文物，尤其是與凱爾特人信仰相關的文物；而前一世紀時遭破壞的努曼西亞再次重建，其所生產的陶器上描繪著非羅馬式的裝飾圖紋。這顯示有不少原住民的文化與宗教都被保留下來。在羅馬統治伊比利半島初期，為了區域防衛與穩定統治而導入羅馬生活模式的可能性很高；但當統治穩定後，受羅馬信任的在地權貴被委以統治當地，在不違逆羅馬統治的前提下，他們主動選擇了本土的「生活方式」，也讓當地的文化與信仰得以維持。

關於貝提卡行省的羅馬化程度，可能需要再重新檢視。即使從今日觀點來看，也很難說是羅馬帝國在此積極實施政策，促進該地的羅馬化。以凱撒與奧古斯都的殖民地建設為例，與其說是推動羅馬化，不如詮釋為出自政治和軍事考量更加合理：為了掌握凱撒政敵龐培派的最後據點貝提卡，凱撒及後繼者奧古斯都讓手下退役將士移民並監視該地。此外，與其說維斯帕先是為了推動羅馬化而給予全西班牙拉丁權，不如說是六九年帝位爭奪內亂中於帝國東部得勝的他，為了讓自己勢力在西部扎根，才採取此措施。

受羅馬當局信任成為行省統治者的在地權貴，不僅以羅馬為後盾，強化對當地的控制，還自詡以羅馬人自居所帶來的身分，進一步提升其社會地位。與其說導入羅馬生活模式是中央的政策，還不如說是行省精英們自己選擇的立場與意願。為了進一步思考這點，接下來將轉換討論對象，來看看凱撒所征服的高盧狀況。

高盧的變化

拉丁語中的高盧人（Galli）所生活的地方稱為高盧（Gallia），從羅馬這頭看過去，高盧分為「阿爾卑斯這邊的高盧」（山南高盧，Gallia Cisalpina）和「阿爾卑斯那邊的高盧」（山北高盧，Gallia Transalpina）。前三九〇年高盧人曾經差點攻陷羅馬城，是羅馬的可怕敵人。日後羅馬的勢力擴張，前二世紀時波河流域的高盧人反遭羅馬壓制，「阿爾卑斯這邊的高盧」於前四八年併入義大利。因此以下所稱的高盧皆為「阿爾卑斯那邊的高盧」，相當於現今法國、比利時、瑞士與部分德國。

雖說是「阿爾卑斯山的那邊」，但南法在地理上滿接近義大利。只是若論接受羅馬統治的時間，前述的伊比利半島較早。由於對伊比利半島的戰爭，希臘人於現今南法馬賽所建立的城邦馬薩利亞成為羅馬人的戰爭中繼地，這也是羅馬與「阿爾卑斯那邊的高盧」直接關係的開始。當羅馬破壞迦太基，布匿戰爭邁向終結時，馬薩利亞被高盧部落進犯，羅馬遂應要求派兵支援，開啟了羅馬軍與高盧諸部落的戰爭。羅馬打敗敵軍，勢力正式延伸至隆河以西區域，並於前一一八年建立殖民地，即現在納博訥地區（Narbonne，又稱那旁）的起源納博．馬蒂尤斯。納博周邊的南法一帶成為羅馬行省。現在我們所說的普羅旺斯（Provence，指南法地區），名稱起源便是來自羅馬「行省」一字的拉丁文。羅馬商人與金融業者前往這個成為羅馬行省的地方，與當地原住民貿易並從中獲益，帶給當地部落無窮的苦難。

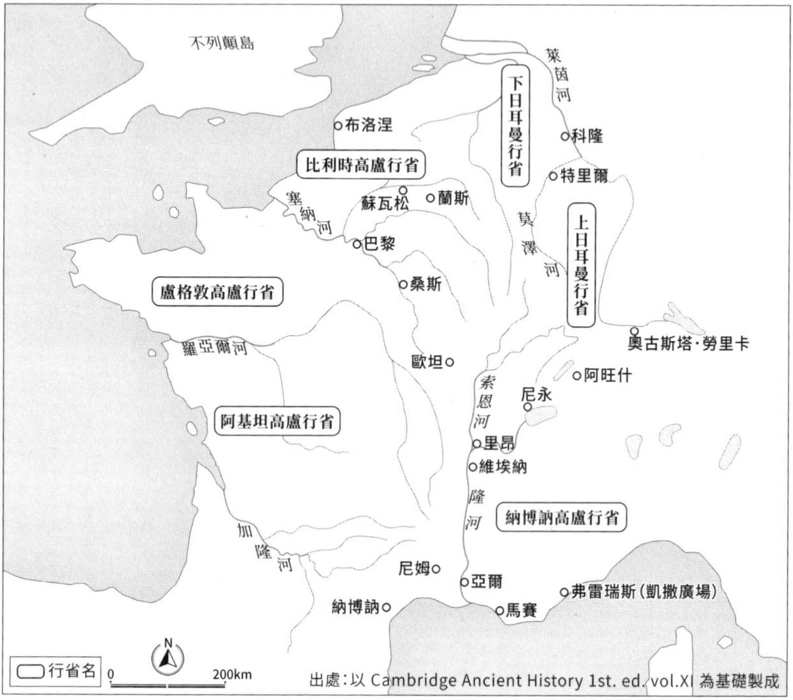

帝國前期的高盧

進入前一世紀後，相較於成為行省的南法，羅馬提高了對北邊各區域的關注。凱薩在前三頭政治同盟期間發動遠征，自前五八年起的九年間致力於征服戰爭，把被稱為「長髮高盧」(Gallia Comata) 的廣大區域*納入羅馬統治。凱撒進攻時，當時的高盧為有著螺旋圖案等獨特樣式的拉坦諾文化社會。高盧人分為數個部落團體生活，雖然不知道他們當時是否有相當於「國家」的觀念，但依羅馬觀察者的看法，高盧存在著稱為「civitas」這個意味著「國」的集團單位。實際上，凱撒《高盧戰記》(*Commentarii de Bello*

Gallico）中的「civitas」所指涉的就是小部落團體的集合，具有政治上的統合性質，這裡便將此字視為「部落國家」。這樣的部落國家在一些天然要塞包括山丘或河川等地建立大型防衛據點，拉丁語稱為奧皮杜姆（oppidum）。奧皮杜姆也是政治、宗教和商業活動的中心。在南法成為羅馬行省後，羅馬商人更加深入高盧，使得高盧的部落國家內部也出現了貧富差距與土地集中化的現象。

凱撒征服高盧中部與北部後，要求被征服地區每年繳納大量貢品，但免除了遠征途中給予協助的部落納貢。即使同是高盧的部落，也出現不同的對待方式。和凱撒站在同一戰線的部落或當地權貴勢力逐漸增強，而前三二年凱撒繼承人屋大維與安東尼開戰時，高盧所有部落都向屋大維宣誓效忠。

內戰結束後，奧古斯都將凱撒時代「長髮高盧」六十個部落國家編入羅馬帝國，在原有的納博訥高盧外又增設三個行省，分別是阿基坦高盧、盧格敦高盧及比利時高盧行省。為了向行省課稅，奧古斯都親至高盧實行人口普查（censor）。眾所皆知，「censor」為現代人口普查「census」這個字的語源。此時羅馬調查高盧居民的人口與財產，為的就是製作課徵土地稅與人頭稅的帳簿。儘管這樣的調查對羅馬人而言理所當然，但對沒有土地所有權觀念的高盧人來說，可以想見他們無法理解。此外，原先的部落國家被人為決定邊界，改成實施自治的課稅行政單位。權貴們則被要求住在奧皮杜姆等舊有聚落，成為指導部落團體自治生活的政治管理階層。「civitas」不再意味著可獨自

＊「長髮高盧」常被用來指稱盧格敦高盧、比利時高盧和阿基坦高盧這三個行省。當地人有蓄長髮的習慣。

圖 3-1　阿旺什的圓形競技場
復原後被當成舉辦活動的場所。

發動戰爭的部落國家，而是聚落、乃至於部落的中心。雖然與地中海周邊地區不同，但高盧的「civitas」在制度上等同於「城市」。

統治的協力者

凱撒與後來的羅馬皇帝將退役軍人安置在高盧，建立殖民地，擁有羅馬式公共建築的聚落數量也逐漸增加。原本在帝國初期，僅有早已為羅馬行省的納博訥高盧呈現如此景象。之後凱撒在「長髮高盧」地區建立殖民地，包括現今瑞士雷夢湖畔的尼永，巴塞爾近郊於凱撒被暗殺前指示殖民的奧古斯塔·勞里卡，以及法國的里昂。奧古斯都並未建立殖民地，而皇帝克勞狄烏斯則建立了現今德國萊茵河畔的科隆。

實際上，這些高盧的新城市並不是由退役軍人移入所形成，而是透過其他方式，那就是將舊部落國家的奧皮杜姆改為羅馬式城市。有幾座奧皮杜姆位於山頂等要塞處，遇到這種情況時，則讓住在奧皮杜姆的居民遷移至附近的新建城市。另外，也有將羅馬法律地位賦予舊部落國家首都的情形，譬如克勞狄烏斯把特雷維利族的首都特里爾（位於現今德國莫澤河畔）升格為殖民地，維斯帕先也將赫爾維蒂族的首都（位於納沙泰爾湖附近，現今瑞士的阿旺什）升格為殖民地。

此外，即便不借助帝國之力，部落國家的聚落或首都也能憑藉與羅馬保持友好關係，以及欲提升威信的權貴整頓，逐漸發展成具有羅馬風格的城市。高盧的城市人口規模大約在數千人左右，但也有特殊例子，例如里昂便是擁有四萬人口的大型城市。在地權貴是這些城市自治的核心，他們負責領城內的政治與行政事務，並負責稅收，而羅馬總督只要處理城市權貴無法處理的問題，以及超越舊「civitas」（部落國家）範疇的問題即可。當然，確保治安也是總督的責任，但羅馬的公職者不需負擔所有工作。讓在地權貴成為行政的協力者，如英國學者凱利所言的「統治的伙伴」，如此一來羅馬帝國只需派遣少數的中央公職人員，就可以統治龐大的帝國。

比起伊比利半島的行省會議，高盧的行省會議更為人所知。西元前一二年，德魯蘇斯奉奧古斯都之命遠征日耳曼，行前在里昂郊外聚集高盧在地權貴，於建成的「羅馬與奧古斯都」祭壇上舉行禮拜儀式。很明顯地，藉由將羅馬女神與仍在世的奧古斯都並列禮拜，能得到前三二年高盧對屋大維宣誓效忠同樣的效果。從此以後每年的八月一日都會舉行該禮拜，在科隆也設有同樣的祭壇。這裡有一點相當重要，那就是集合在里昂宣誓效忠羅馬皇帝的人們，都是「civitas」的權貴。在凱撒遠征前，高盧的宗教領導者德魯伊*們每年會在聖地集合舉行儀式，羅馬成功繼承了這項儀式。這項禮拜的聚集場所在不久之後，變成了討論高盧相關問題的行省會議場所。行省會議上不僅要選舉進行禮拜時的祭司，也要討論向皇帝陳情的事項，彰顯優良行省總督的功績亦為要項。因此對總督而言，舉辦行省會議是不可輕忽的大事。從行省民的立場來看，行省會議則是限制總督恣意行事的重要武器。

成為羅馬帝國統治者

進入帝國時期，高盧的城市增加，工商業發達，聯繫城市的道路網亦整頓完備。然而河川運輸也是不容忽視的重點。從隆河北上萊茵河、莫澤河及塞納河的水道，負起輸送物資到日耳曼與不列顛島、尤其是供給駐紮在萊茵河沿岸軍隊物資的重要任務，也有不少商人利用河運來往各地。二世紀葡萄栽種區擴大至莫澤河一帶，釀酒業興盛，生產的葡萄酒甚至可輸出義大利。陶器製造地也在高盧境內往北移動，蓬勃於二世紀末左右的莫澤河沿岸，玻璃製造業也在萊茵河沿岸逐漸盛行。

高盧的城市就這樣形成了，擁有幾可凌駕義大利的經濟發展，但產業仍以農業為主。關於這一點，在高盧最受矚目的便是莊園的發展。莊園不僅指貴族們的鄉間別墅，亦指建於城市外圍的農莊，而高盧是在一世紀後期發展出這樣的莊園。到了二世紀，高盧便處處可見石砌的堅固宅邸。在接近高盧行省北端，約於現今比利時一帶也挖掘出莊園遺跡，可見莊園的分布範圍相當廣。

莊園的所有者通常是居住在附近城市的權貴。他們崇尚羅馬式的生活，住在以古希臘神話藝術為主題的馬賽克地磚和雕塑圍繞的豪宅。拉丁語早已在高盧普及，現今法國中部的城市歐坦就曾以學習古典教育而聞名。羅馬時代的歐坦，如其於西元前一五年時之名「奧古斯都的堡壘」，是奧古斯都修建的城市。居住於高盧中部的愛杜依族，其聚落名為比布拉克特，是座位於山丘上的奧皮杜姆，因此奧古斯都在附近建造了歐坦這個新城市。歐坦因周邊道路網發展而繁榮，現在仍可看到當時的劇場和城門等遺跡。羅馬時代的歐坦市內有修辭學學校，吸引高盧的貴族子弟來此學習，塔西佗（Cornelius Tacitus）的主要著作《編年史》（*Annales*）第三卷中即有相關紀載。到了羅馬帝國後期，修辭學在歐坦越加發達，這座城市也就更加引人注目。

或許高盧地方有很多像歐坦這類城市的事實令人難以置信，但實際上羅馬式生活不僅傳播到南方的納博訥高盧，也傳播到高盧的中北部城市，許多擁有修辭學素養的「羅馬公民」過著活躍的生活。權貴們從這樣的高盧城市前進到羅馬中央政壇，也是理所當然。塔西佗《編年史》第十一卷記述西元四八年發生的事件，正顯現出這等現象的劃時代意義。根據他的紀載，這一年「長髮高盧」的「高貴人民」要求成為帝國的公職人員，元老院於是召開會議討論。成為帝國的公職人員，意味

＊ Druid，或譯為橡木賢者，在凱爾特神話中，德魯伊具有穿梭各種神域的能力。

圖 3-2　歐坦遺留的羅馬城門

著加入精英階層群聚的元老院。關於此事，元老院內的反對派表示義大利的人才資源並沒有貧乏到無法填滿元老院的地步，卻還是有很多行省民想擠進元老院；那些人的祖先還曾經是我們國家的敵人，因此不可讓更多外國人進入元老院，宛如羅馬被他們占領一般。

對此，當時的皇帝克勞狄烏斯發表了一場演說，全面駁斥這番論點。後來元老院舉行決議，認可了這群愛杜依族的要求。刻著當時克勞狄烏斯演說內容的銅製版，於一五二八年在里昂被發現。那是用非常漂亮的字體，以拉丁語雕刻的銘文，現收藏並展示於里昂古羅馬劇場遺跡旁邊的高盧羅馬博物館（Gallo-Roman Museum of Lyon）。此銘文當然是應證塔西佗記述可信度的史

圖 3-3　歐坦的雅努斯神廟
羅馬時代高盧特有造型的神廟，只餘中央部分。

料，但更重要的是，這份史料能幫助我們了解當時皇帝統治下政府的政治觀與帝國觀，更間接透露了雕刻銘文的高盧人民心態。這一點很有意思。

根據這段銘文（收在《拉丁碑文集成》第十三卷第一六六八號），克勞狄烏斯運用他在即位前便十分熟悉的歷史知識，詳細敘述羅馬這個國家從王政時代開始便吸納許多本國以外地區的人才與制度。而且，不管是如神一般的君王奧古斯都或他的伯父提比略，都希望將殖民地與自治市的精華放進元老院，克勞狄烏斯還說「即使是行省的人，只要是能裝飾元老院的人，我都絕對不會拒絕」。皇帝更試圖反駁反對派的意見，表示高盧人確實與凱撒打了十年的戰爭，但他們也在戰爭結束後的一百年裡表現了對羅馬的信義與服從。

就這樣，不只納博訥高盧，來自「長髮高盧」的人也加入元老院。很早納入帝國統治疆域的納博訥高盧，其城市權貴進入元老院擔任帝國要職已屢見不鮮。記述上述事蹟的塔西佗本人，其氏族名與文風都顯現了濃厚的共和制傳統，但按照今日的研究，可以推測他出自高盧南部的家族。塔西佗的岳父阿古利可拉（Gnaeus Julius Agricola）曾在不列顛島北部擔任行省總督率領軍隊，他也同樣是高盧人，出自高盧南部的「凱撒廣場」（Forum Julii，現今弗雷瑞斯）。從名稱便可知這座城市的修建與凱撒有關。不管是塔西佗還是阿古利可拉，都曾出任最高公職的執政官，但其家族祖先並無人擔任過執政官，可見他們都是新興的權貴家族。

和伊比利半島的城市權貴同一時間，高盧出身者在一世紀後期進入元老院的人數大幅增加，形成羅馬帝國的統治階層。根據德弗雷克爾（John Devreker）的調查，阿古利可拉與塔西佗活躍的圖密善在位期間，已知出身地的元老院議員約有六成來自義大利，四成來自行省；總共一七三名的行省出身議員中，來自伊比利半島的最多，有六十名，其次是來自高盧者，共三十七名。像這樣的中央參政脈絡，到了二世紀前期的一三八年，來自內莫敘斯（現今法國南部城市尼姆）在地家族的提圖斯・奧列里烏斯・亞利烏斯・安敦寧當上了羅馬皇帝，後來被稱為安敦寧・畢尤（Antoninus Pius）。他家族的祖父和外祖父曾兩度就任執政官，是名符其實的元老院貴族世家。而安敦寧的妻子是伊比利半島因維斯帕先而名列顯赫貴族、曾三度擔任執政官的馬庫斯・安尼烏斯・維魯斯的女兒。而這位維魯斯正是繼承安敦寧帝位的奧里略的曾祖父。

如此看來，羅馬帝國全盛期的五賢帝時代，也是出身伊比利半島與高盧的人才立於帝國統治體制頂點的時代。「羅馬人」不只在羅馬城，也游離於義大利之外，成為普遍性的存在。在那樣的時代領導羅馬人帝國的，是來自曾被帝國征服地區的權貴家族「新羅馬人」。

在地權貴的選擇

如上所見，高盧諸行省在羅馬征服行動結束後順利城市化，羅馬式的生活以城市和莊園為中心，於當地生根普及。即使中央政壇來自「長髮高盧」的人數比來自南部納博訥高盧者少得多，但高盧出身者的存在意義仍然很大。高盧的產業發展不僅幾乎凌駕義大利，還出現了教授修辭學這種屬於羅馬人高等學問的人物。

然而，被羅馬征服前的原住民宗教與文化仍繼續存在於高盧。雖然高盧的人們不再穿以前傳統的寬鬆褲子，而是換上羅馬服裝，享受羅馬式的澡堂與娛樂設施，但高盧人也繼續保持他們固有的信仰與文化。另一方面，人們也接受羅馬神祇，將之等同於高盧神祇一起膜拜，例如將羅馬的阿波羅神視為高盧的太陽神，稱之為阿波羅．貝里努斯神而加以崇拜。＊而在羅馬征服前擁有權勢的德

＊ Apollo Belenus，為凱爾特神話中的光明之神，阿波羅的形象與之結合。原文為水神，應為誤植。

魯伊神官，雖被羅馬皇帝以「野蠻」為由殲滅，但並未完全禁止或打壓原住民的信仰。神官被消滅的理由是防止他們成為原住民的反叛領袖。

在討論羅馬做為世界帝國的意義時，羅馬化經常是重要的論點。無論在伊比利半島還是高盧地區，城市化與羅馬式的生活模式都被廣泛接受，然而僅限於帝國統治下具有勢力，成為統治伙伴的在地權貴。至於是否要在行省採取羅馬式的生活模式、宗教與文化，也都取決於在地統治者，亦即權貴們的選擇。對這些行省精英分子而言，導入羅馬式的生活當個「羅馬人」，讓周圍人們承認其地位，是進一步提升社會階層的必要條件。他們被他人支配的同時，也支配著他人。

3 邊境的實況

征服與統治不列顛島

那麼，羅馬帝國用多大的力氣去試圖改變征服地區，又改變到怎樣的程度呢？接下來我們將探討這點。

前面曾經提過，活躍於二十世紀初的羅馬史研究兼考古學者哈弗菲爾德使用蒙森首先提出的

「羅馬化」概念，分析羅馬帝國統治期的不列顛島，並闡述其中的積極含義。哈弗菲爾德在其著作《羅馬時代不列顛島的羅馬化》（*The Romanization of Roman Britain*）中表示，儘管因地域而有所不同，但「羅馬帝國迅速且有效地，將行省民與合乎秩序又合理的文明同化了」。他將「羅馬化」等同於「文明化」，探討羅馬化與文明化在不列顛島的實現情形。後來的考古學研究和挖掘作業也在哈弗菲爾德的認知基礎下展開，在羅馬軍隊屯駐的陣營與要塞，和有羅馬人移居、原住民取得羅馬公民權、導入羅馬式生活模式的城市，以及城郊莊園等地積極展開挖掘工程。因此，思考羅馬帝國改變征服地區到何種程度時，這個距義大利本土極為遙遠的邊境行省不列顛，可說是極為適合的討論對象。以下就來具體看看不列顛島的發展過程。

自前二世紀以來，羅馬商人會為了購買錫礦造訪不列顛島，然而羅馬與不列顛島的正式交流始自凱撒。凱撒在征服高盧戰爭期間，曾於前五五年與前五四年兩度派遣軍隊乘船渡過英吉利海峽，雖未取得戰爭成果，但也帶回許多不列顛島的相關訊息。

凱撒遭暗殺後的內亂期間，羅馬政治人士們的關心焦點暫時離開不列顛島。第三代羅馬皇帝卡利古拉（Caligula，三七～四一年在位）時計畫遠征不列顛島，他接受了一位不列顛王的歸降，並集結軍隊。然而皇帝突遭暗殺身亡，遠征計畫暫時中止。繼承帝位的克勞狄烏斯為了克服即位前無政治經驗的弱點，遂接收前代皇帝的準備，在即位兩年後的四三年展開遠征。總數四萬的羅馬大軍渡過海峽，登陸不列顛島，擊退前來阻擋的原住民軍隊，並占領了強勢部落卡杜維拉烏尼族的首都卡姆洛敦姆。皇帝亦親征不列顛島，宣布設立不列顛尼亞行省。之後羅馬軍繼續往西與往北進軍，擴大征服地區。

六〇年尼祿在位時，卡姆洛敦姆爆發了原住民起義事件「布狄卡之亂」，當時不僅卡姆洛敦姆，連與其友好的兩座原住民城市倫蒂尼恩（現今倫敦）與維魯拉米恩（現今聖奧爾本斯近郊）也盡數遭羅馬軍隊燒毀。鎮壓這場大規模叛亂事件後，羅馬軍繼續北上。塔西佗的岳父阿古利可拉擔任行省總督時，確立了英格蘭與威爾斯的統治，之後進攻蘇格蘭，最前鋒更曾抵達蘇格蘭高地一帶。

然而圖密善卻在此時將阿古利可拉召回羅馬，不列顛島北部並未納入帝國統治範圍，羅馬更在二世紀初將蘇格蘭的軍隊撤回英格蘭北部。一二二年，羅馬皇帝哈德良親赴不列顛島，下令修建東起泰恩河口、西至索爾韋灣的防衛牆，這就是著名的哈德良長城。繼承哈德良帝位的安敦寧·畢尤曾派兵短暫攻打過蘇格蘭，並在蘇格蘭南部修建安敦寧長城。與石砌的哈德良長城不同，安敦寧長城是以溝渠與土塊修建而成。到了二世紀後期，安敦寧長城被棄，哈德良長城再度成為羅馬軍的軍隊駐紮線。此後羅馬統治不列顛島直到四世紀末。

出處:南川高志,《大海彼端的羅馬帝國》(岩波書店,2003)。

羅馬帝國統治下的不列顛島

譯註:羅馬人攻占新地區時,除了會以皇帝名稱為當地城市命名,有時也以當地部落名做為稱呼。原不列顛部落名以**粗體**標示。另,文塔(Venta)指市集,伊斯卡(Isca)指水流過之處。

不列顛尼亞行省的「羅馬化」

在羅馬征服不列顛的戰事推進至蘇格蘭的一世紀後期，時任總督阿古利可拉是如何統治當地呢？他的女婿塔西佗在著作《阿古利可拉傳》（*De vita et moribus Iulii Agricolae*）中有以下記述：

> 接下來的冬天便花費在實現公共福利的構想上了。這個地方的人各自過著自己的生活，生活方式粗糙野蠻，輕易就發動戰爭。透過個人的遊說或給予官方援助，讓他們建造神廟、市場與房舍，通過舒適的生活，讓這樣的民族習慣和平與休閒。獎勵認真者，斥責怠惰者，如此一來，他們就會為了得到獎賞而努力，無須強制措施。阿古利可拉還讓領袖的子弟們學習教養，磨練他們的資質，還稱讚「不列顛尼亞人民的才能比高盧人民的熱忱更高」。結果，連原本拒絕羅馬人語言拉丁語的人，也紛紛熱心地學習起羅馬人的雄辯術。在如此風氣帶動下，羅馬的服裝也受到推崇，成為流行的公民服裝。
>
> ——第二十章，轉譯自國原吉之助翻譯的日文版

這段文字顯示羅馬人對征服地區的施政有著如何的考量，獲得歷史學界極高評價。裡面指出原住民散居的缺點，記載羅馬人讓他們建造神廟、市場，尤其是房舍，並教他們拉丁語，學習以修辭學為主的種種教養，還描述羅馬風的服裝是如何成為正式服裝的公民服（托加長袍）。這段文字甚

至被稱為「羅馬化的目錄」。如此簡短的一段文字，卻是探索羅馬統治下的不列顛島乃至於所有征服地區的統治模樣非常重要的史料。

不過到了一九八〇年代，英國出現了許多質疑與批判，譬如考古學者是否只遵從由羅馬精英留下如《阿古利可拉傳》那樣的文章與歷史研究者的討論即可，挖掘工作不過是一種補充？只挖掘城市與軍事要塞、莊園等羅馬人活動的地方，又是否妥當？而當鄉村地區的挖掘行動持續進行，關於不列顛島「羅馬化」的實際情形，也出現與哈弗菲爾德觀點不同的解釋。進入一九九〇年代，站在後殖民主義立場的考古學者提出批判，認為哈弗菲爾德將「文明化」等同於「羅馬化」，是一種帝國主義思潮的體現，他將研究的意義與同時代大英帝國政治互為連結。部分考古學者更指責「羅馬化」是帝國主義與殖民主義的言論。

思考這些爭論的同時，也應思考該如何看待羅馬帝國統治下的不列顛島。接著就讓我們來進行檢討。

行省的實際狀態

羅馬統治狀態穩定的二世紀，不列顛島上已有許多城市。原住民部落國家時代的首都成為羅馬帝國的行政單位「城市」，原則上這種轉變與伊比利半島和高盧並無不同，只有城市規模與性質上的差異。

圖 3-4　英國中部羅克斯特的巴西利卡遺址

在不列顛島的羅馬行省中，規模最大的城市是倫蒂尼恩，也就是今日倫敦的起源聚落。不過，這座城市並非由羅馬皇帝或軍隊修建，也不是羅馬統治前某部落的首都，而是行省設置後因羅馬商人聚集而形成的城市。它曾因布狄卡之亂遭毀，重建後修築了號稱阿爾卑斯山以北最大規模的「巴西利卡」(basilica，大城市裡做為法庭或大商場用途的公共建築)，設有廣場、公共浴場及鬥士競技場。不過，倫蒂尼恩雖是島上最大城，城牆所圍繞的面積只有一三三．五公頃，遠不及高盧北部中心特里爾的二八〇公頃，以及南法尼姆的二二〇公頃。除了倫蒂尼恩外，不列顛島內沒有面積超過一〇〇公頃的城市。原本島上面積超過十公頃的城市，只有倫蒂尼恩和具備「自治市」法律地位的城市共五座，以及部落國家首都發展成的城市其中十四座。由五千名士兵構成的羅馬正規軍團要塞，面積約為十六至二十公頃，由此可知不列顛尼亞行省大部分城市的規模都不如軍團要塞。

不只城市規模，在居民的性格與活動上，不列顛尼亞行省也與大陸行省有差距。五賢帝時代結束不久的西元二〇〇年左右，加伊烏斯·朱利葉斯·索利努斯（Gaius Julius Solinus）在其執筆的地誌概略上記載「這個島（不列顛島）上的居民維持自古以來的習慣，拒絕使用貨幣，只收受物品。比起使用貨幣購買，他們寧可採以物換物的方式。他們熱衷於崇拜神明，不論男女都具有預知未來的能力」。過去這段記述曾被拿來強調不列顛島居民的未開化程度，然而這樣的解釋在今日已不適用。由於沒有能證明這段記述有誤的證據，要說羅馬式的經濟活動已經穩定存在於不列顛全島，亦不合理。

與高盧相同，不列顛島的鄉村莊園也很發達。現在的科茲窩地方就可以看到不少例如查德渥斯那樣的遺跡。從那些遺跡出土的文物，能夠觀察到當時喜愛飾有希臘羅馬神話元素馬賽克鑲嵌畫地板等等的權貴們，他們的優渥生活與愛好。不過，能夠享受到這些優渥生活與愛好的只限極少數人。加上不列顛島的發展時間較大陸晚，四世紀時迎來了全盛期，但當時島上的城市已開始衰退。應建設城市的權貴階層不再投資城市，轉而投向郊區的私人莊園。這種差異顯示了城市生活並未完全深入羅馬帝國的北部疆域。

另外，不列顛島的城市數量雖然多，卻很難確認是否有如大陸行省城市權貴那般參與帝國政治。除了英國古代史家與人類學家安東尼·巴利（Anthony R. Birley）仔細調查羅馬時代不列顛島相關人物後勉強推測出來的兩個人外，並未發現其他進入元老院的不列顛島出身者。羅馬式生活浸透島上的程度，尚不足以產生帝國精英。

在這個行省有非常濃厚的軍事色彩，士兵們修建了道路、城市與防禦工事。不列顛島上駐紮了三支正規軍團，他們在執勤期間也會接受行政任務。行省總督擁有四五〇名下屬，幾乎都是退役軍人。士兵們不僅要與北部反抗羅馬的勢力作戰，在羅馬發生內亂時，還會被動員返回大陸。羅馬皇帝的政府及其競爭者（叛變者）都熟知這個尚未完全征服的島上駐紮著大量兵力，一旦國內發生動亂，這些兵力就會大有用處。正因為駐有大量羅馬軍隊，因此能在島上的駐地與城牆發掘出豐富的遺跡文物，但這並不是哈弗菲爾德所謂的實現「文明化」的證物。

而且，在邊境羅馬軍營中展現的「羅馬風」，以及支持這種「羅馬風」的人們心態，與義大利等地並不相同，這個差異明顯反映在宗教上。在英格蘭北部哈德良長城附近發現的祭神銘文與祭壇遺址找到許多佐證，顯示當時駐紮當地的軍隊，包括隊長級的羅馬士兵，折衷禮拜了不列顛在地神祇與羅馬神的情形。在這個北方邊境，所謂「羅馬」並不是均質的單一範疇。全盛期的羅馬帝國，就在這樣的狀況下實踐了和平。

邊境的生活

根據近年的一項研究，不列顛尼亞行省百分之八十三的居民住在鄉村；百分之五住在大城市，這百分之五加上定居在較小城市的人，合起來是百分之十三；而軍人及家族相關人士則占百分之四。亦有研究者估計有九成的人口住在鄉村。大部分的居民以耕作和畜牧維生，日常生活基本上處於羅馬人登島前的鐵器時代的延伸，而被認為已實現羅馬生活模式的地區，是羅馬軍隊駐紮的要塞和營區、羅馬式農莊莊園，以及較大的城市。在此必須說明，從「城市化」論點來看，不列顛島上所謂的「大城市」，約莫是島上的最大城倫蒂尼恩與四座具殖民地地位的城市、自治市維魯拉米恩，以及成為自治單位的部落國家首都等城市。

那麼，首先就來檢視這些「大城市」是否具備羅馬生活中不可或缺的公共設施。以倫蒂尼恩為首的二十二個不列顛尼亞行省中規模較大的城市聚落，幾乎都建有公共廣場、巴西利卡、公共浴場及神廟。不過，英格蘭北部與威爾斯地區的城市則無法確認是否具備公共廣場乃至於巴西利卡等設施，更令人驚訝的是最早的殖民地卡姆洛頓姆並未設置公共浴場。

另一項和公共浴場同為代表的羅馬人娛樂設施，是舉辦劍鬥士比賽的圓形競技場。雖然沒見到大型競技場，但各地皆有類似設施。這些競技場以砂土築成高台，裡面設有木造座席，然而用石頭砌成的永久性競技場則是一座也沒有。殖民地的林頓（現今林肯）並無圓形競技場，艾伯拉肯（現今約克）也不確定是否有競技場存在。此外，軍事要塞的郊外與要塞周邊則建有圓形競技場，顯現出行省強烈的軍事特質。至於劇場，可確定的雖有八座，但其中為劇場專用設施的僅卡姆洛頓姆附近的一座，其他則兼做競技場使用。

以上所述的設施存在於距離義大利遙遠的邊境行省，是它們實踐了羅馬式生活與娛樂。與前面曾引用二世紀索利努斯的記述不同，許多羅馬貨幣在不列顛島的各地出土，這點證明了羅馬式生活確實滲透到以城市權貴為首、有著一定數量的行省民之中。對生活在邊境行省的居民來說，實踐羅馬式生活是必要的。然而島上居民是否能將羅馬式生活視為極為自然的一部分，就另當別論了。從出土文物可知，島上已使用來自義大利的精緻陶器，但到了古典末期，這種由轆轤製作的陶器最早消失，不列顛島重新使用手捏陶器。由此可以很容易推測，不列顛島上羅馬式的生活基礎並不穩固。

不列顛島是與義大利風土氣候截然不同的最北端行省。羅馬人在這個行省興建城市、修築公共設施，讓居民實踐羅馬式生活。我們可以確認，以城市居民為中心，「羅馬人的世界」已發展到了一定程度。但是，就如行省總督阿古利可拉讓「領袖的子弟」學習羅馬的教養一樣，羅馬式生活的接受者與推動者，都是在地權貴，「羅馬」並未廣泛滲透到鄉村的居民身上。

以上逐一說明了伊比利半島、高盧及不列顛島的狀態。這些地區在共和後期到帝國初期之間成為羅馬帝國領土，受羅馬帝國統治。被征服地區的人們過著服從統治者的日子，但隨著時間推移，被統治的人們也出現變化。尤其是協助羅馬的原住民部落領袖，權勢更是逐漸增強。在羅馬人來臨前，這些地域部落間的鬥爭非常激烈，持續的衝突讓部落領袖的地位十分不穩。但由於羅馬的征服，部落領袖被編入帝國體制，私鬥遭到禁止，讓領袖的地位與狀態在部落外變得穩定。同時他們獲得羅馬的支持與保護，在面對部落內部時的權威與權力也跟著擴張。隨著帝國形成，這些原住民既與從服從、協助再轉為統治伙伴的權貴不同，也與在帝國及權貴統治下的被統治者不同。

透過行省的在地權貴，尤其是城市權貴，羅馬帝國得以穩固在地統治。行省民也在採納羅馬生活模式中發現身為羅馬人的價值，並期盼提升自己的社會地位。被統治者、被壓制者站在統治者的羅馬這邊，在接受恩惠的同時「同意」被統治，甚至自己也成為統治者。只是，要找出被征服地區的羅馬化積極含義或一貫性政策，以及確認羅馬化的滲透範圍，可以說非常困難。

4 在帝國生活

羅馬皇帝的統治與帝國的東半部地區

前一節所介紹的伊比利半島、高盧及不列顛島，大部分地區原本都沒有城市。大多是部落國家人民的生活地區突然導入羅馬的制度，而城市是被創造的。征服地區中的大部分居民被半強制地放進一個新制度的世界。然而，同樣受到羅馬征服的帝國東部區域，自希臘化時代起就已存在許多城市。尤其是從希臘本土到小亞細亞西部一帶存在許多希臘城市，維持古典時代以來的城市制度與城市生活傳統。這些地區的人們如何應對羅馬統治，又是如何生活於羅馬帝國？在第二章末段已有若干敘述，接下來將嘗試更進一步的描述。

隨著奧古斯都開啟帝國統治，行省總督與軍團司令官等公職人員在皇帝的命令下派往各地，形成中央集權的統治架構。但由皇帝政府派遣出去的總督等公職人員，其實只有三百名左右。羅馬的

帝國前期的希臘與小亞細亞

行省統治大半得仰賴在地的城市。

在元首制時代，被派往各行省赴任的總督並非如共和制時代惡名昭彰的西西里維勒斯那樣，是剝削當地居民的統治者，而是皇帝的臣子，是執行行政工作的公職人員。二世紀初，小普林尼於圖拉真在位時期擔任行省總督，單就其往來信件可看出小普林尼處理的問題包含大小瑣事，且需頻繁請求皇帝的判斷與指示。但小普林尼出任總督時的下屬人數，推測頂多僅一百名左右。另外，學界一般認為其他行省總督的應對並不像小普林尼那樣謹慎細微，來自中央的總督只會在行省民提出請願時，才會關心行政問題。除了行省防衛與維持領土秩序等問題外，城市的問題由城市自己處理，這是羅馬帝國的原則。那麼，城市是如何採取行動，在羅馬的統治下持續生存呢？

帝國初期，無論是希臘本土還是小亞細亞西部都成為羅馬行省，城市自治也獲得承認。在希臘人的城市裡有傳統的執政官等公職與公民大會（雅典公民大會、公民團體）及議會（五百人議會），裁判權與立法權大抵上也和從前一樣，但這些城市的狀況和古典時期已有所不同。例如雅典等極少數城市因與羅馬締結條約成為同盟市，不受行省總督管轄，是獨立的自由城市。這樣的自由城市約有四十座。儘管如此，羅馬帝國還是隨時可以取消這些城市的自由獨立。已無武裝能力的城市只能服從羅馬，即便身為自由城市，在羅馬的法律上仍等同於接受羅馬保護的「庇護民」。

羅馬國家之所以重視這些城市的理由，和其重視帝國西部區域的城市相同：讓城市成為國家的行政單位，可利用其自治為國家執行政務。城市負責為國家徵收稅金、提供勞力，並應政府要求徵兵，負責執行這些任務的就是城市權貴。權貴們達成這些重大任務，而帝國政府應允其經營都市的權力；擁有羅馬給予的權限，就是城市的統治者。城市權貴也會派遣使者晉見羅馬皇帝與元老院，進行各式各樣的陳情。像帝國西部那般的統治伙伴關係，也可在帝國東部看見。

城市與帝國，城市與城市

希臘城市遵循傳統，強烈希望儘可能由自己經營城市並處理各項活動，避免羅馬派遣的行省總督介入。如前所述，羅馬派來的總督態度消極，把統治管理事務大部分委由城市處理，這正合城市方面心意，卻無法消除雙方的緊張關係。第二章時曾經提到，活躍於二世紀前期的普魯塔克在《道德文集》（*Moralia*）收錄的〈成為政治人士的準則〉（Praecepta gerendae reipublicae）一文內，對將參與都市政治的年輕人如此敘述：羅馬給希臘人的自由是空洞的，要從事城市政治者，不要忘了自己的頭上踩著羅馬人的軍靴，不可偏離羅馬人給予的旋律與節奏。如今戰爭已經消失，統治者亦應允了有限自由，因此政治人士剩下的使命，便是致力於城市內的協調與友好，排除外部介入所引發的鬥爭與不睦。文中還談到雄辯的重要性，認為政治人士必須具備雄辯能力，成為使節，以雄辯口才為城市做出貢獻；除了這樣崇高的目標，他亦將雄辯視為防止城市內部爭端的必要手段。

和羅馬帝國統治下的其他城市一樣，希臘城市的重要公職也由城市權貴成員占據，與古典時期民主制的希臘城邦不大相同。公民大會雖有重要功能，但城市的運作仍是由相當於帝國西部諸城市中的議員權貴們來領導。這些成為羅馬帝國統治伙伴的城市權貴們，得提供自己的資金來建設和美化城市，甚至參與文化活動。一般認為相較於帝國西部城市，具有自治傳統的東部城市權貴們更樂意捐贈，支持城市繁榮。二世紀中葉成為元老院議員的雅典富商希羅德·阿提庫斯在雅典衛城山麓修建的劇場至今仍能使用，這類富人權貴所捐贈的設施遺跡，今日仍可在許多地方看到。不只公共建築的遺跡，許多雕刻著捐贈紀錄的表彰石碑亦留傳至今。這些權貴們的大方捐贈，對生活在城市的一般民眾有很大的助益。

只是，對城市權貴這種捐贈行為的意義，學界看法分歧。長期以來一般都認為是因城市財政困難才需仰賴權貴捐贈，但近年以小亞細亞西部為對象的研究中，有學者主張城市稅收基本上很穩

圖 3-5　遺留在雅典衛城下方的希羅德．阿提庫斯劇場。現在仍能使用。

定，根本沒有必要依賴權貴提供資金。每個城市的財務狀況不同，很難一以概之，但可以確定的是，無論城市財務狀況如何，城市權貴皆須對城市做出貢獻；而一般民眾也將統治自己的權貴們所施予的各種餽贈視為理所當然。

本章經常以「帝國」對「被征服者」（乃至於城市）的架構來說明羅馬帝國的統治情況，前面也以此形式來論述帝國東部。不過我們必須意識到，在帝國東部，尤其是希臘本土與小亞細亞的城市，當中還存在著其他的架構，那就是城市間的對立。古希臘城邦世界以城邦間戰爭不斷而著名，但在羅馬帝國統治時期，武裝衝突被禁止。然而城市間仍然存在著強烈的對抗意識，進行著各種競爭。他們通過建造公共建築物、舉辦競技比賽來展開激烈的競爭。

圖 3-6　雅典市內的哈德良之門

塔西佗《編年史》中記載提比略在位時的西元二六年，小亞細亞十一座城市為了建造神廟之爭，向元老院提出訴訟（四、五五～五六）。各城市以自身城市起源、地理位置的優點和對羅馬的貢獻歷史等做為籌碼，相互競爭。在小亞細亞羅馬行省的城市，皇帝崇拜儀式非常盛大，擁有皇帝神廟的城市能獲得「尼奧克洛斯」*的稱號，此稱號是城市爭相競逐的目標。擁有稱號的城市，便能成為舉辦全小亞細亞行省運動會的地點，獲得站在運動會隊伍最前面的榮譽。從以上紀載可以看出，希臘城市並未害怕羅馬的統治而畏縮，反而競相表現對羅馬的忠誠。

帝國西部的圓形競技場所舉行的競技運動會，也在小亞細亞的行省舉行。在遺留下來的劇場遺跡中，可看到為了讓人觀賞劍鬥士競技與野獸搏鬥，將圍繞舞台的牆壁加高改建的痕跡。舉辦劍鬥士競技比賽，與皇帝崇拜儀式有著密切關係，被認為是向皇帝表達忠誠的行為。

透過遺跡與許多出土銘文，位於小亞細亞西南部卡里亞地區的阿芙羅狄西亞，能清楚展現出羅馬帝國統治情況。這座寶貴的城市被研究者稱為「檔案牆」；正如其名，該地的劇場豎立著許多並排石碑，其中不少刻有羅馬皇帝的書信文字。這是有意誇耀該城與羅馬之間有著堅實的關係。

由此看來，可以了解到帝國東部希臘城市與羅馬帝國的關係，比起帝國西部更為緊密。但分析阿芙羅狄西亞舉辦的傳統希臘式運動會與羅馬式劍鬥士競技比賽並考察城市實況的學者增永理考，在最近的研究中指出，城市向羅馬技巧性地表示服從的同時，也利用了羅馬的權威來彰顯自身的榮譽。

根據普魯塔克的記述，羅馬皇帝統治下的希臘城市非常在意羅馬總督的介入。德國學者內爾(Dieter Nörr)以此為基礎進一步論述，希臘城市很在意總督，會為了避免內訌而採取消極的政治行動，施政前會先詢問其意向，在法院裁定時也傾向選擇總督而非城市的判決，這是一種自動放棄主體性的「無政治化」。提出羅馬讓城市成為統治「伙伴」論點的英國學者凱利則表示，羅馬不僅在政治上征服城市，也深入城市的歷史，讓羅馬皇帝加入城市的慶典行列，並配合皇帝統治改寫城市過去的歷史，暴露了羅馬統治的可怕。

但前面也提過，隨著近年來研究希臘城市的進展，我們或可認為希臘城市在向羅馬展現服從的

＊ neocorate，意為神廟守護者。

同時，也利用了羅馬的權威，讓自己在城市競爭中勝出，並利用羅馬皇帝的「寬大」，不失自主性地巧妙鑽營，以維持城市的實力與傳統。被征服地的人們並非只是唯唯諾諾地接受羅馬統治；他們選擇具主體性的生活方式，並為了實踐其選擇而活用機巧與智慧。

帝國的人民與帝國的命運

以上，我們追溯了被征服地區與當地居民的實況，也說明了羅馬帝國是透過過怎樣的轉變而完備。羅馬帝國擁有強大的軍事力，統治著遼闊的疆域，將征服地區的在地權貴吸納編入統治的一方，尤其是在領土西部建立起城市制度，讓城市權貴負責在地統治任務，促進羅馬統治的穩定。進入羅馬統治體制的人們也吸收了羅馬生活模式，發現當羅馬人的價值，並積極提升社會地位。羅馬擺脫了帝國化階段時統治與被統治的二元對立結構，被統治者們很快地站在帝國這邊，在接受帝國好處的同時轉向「同意」統治，到了帝國全盛期，被統治者中甚至誕生了統治帝國的人物。而在羅馬統治之前就已發展出城市制度的東部地區也一樣，帝國讓城市權貴成為統治的伙伴，但當地人民並未全然服從帝國統治，而是巧妙地運用機智，維持生活方式的主體性。

從義大利半島中部的一個小城市開始，羅馬人的國家逐步發展成史上罕見的大型帝國；而在全盛時期，是由普遍性意義的「羅馬人」共同承擔這個國家，來自被征服地區的人們加入了羅馬帝國的統治者行列。而與之相同的情形，也發生在第四章將提到的古代中國。漢武帝時代官僚體制趨於完善，被征服地區定期推薦人才，成為帝國統治的一環。這樣的情形反映出古代帝國的發展到達了成熟階段。

本章討論主題為帝國化與帝國的形成帶來的世界變化。由於探討的是被征服地區的變化，因此討論對象僅限於帝國領土內部。但在羅馬人的理解中，羅馬帝國沒有疆界，「國境」並不存在，但凡「人居世界」都是羅馬人的領土，並不是只有住在義大利與行省的人民才是帝國之民。義大利以外的帝國領土亦即行省，只是羅馬人便於統治才設置的權宜單位。自古以來羅馬人便引進許多外來事物，公民團體也會接受新的成員，絕不是封閉性的存在。羅馬人以「文明人」自居，對照「野蠻人」，將居住在外部世界的人視為蠻族，並將其定位為「他者」。然而若不論戰時，對於居住在萊茵河和多瑙河對岸的人們，平時羅馬人絕不會視其為「他者」而排斥他們。羅馬人這種非封閉性的「他者」意識吸引了外部世界的人們，與羅馬式的生活、文化與財富一起成為羅馬向心力的基礎。一旦沒有了這種「他者意識」，外部看待羅馬帝國的態度便立即轉為敵視。這樣的狀況在四世紀時開始出現，長期以來支撐歐亞大陸西側古典時代世界的羅馬帝國世界秩序陷入了危機。對此，我們有必要分析羅馬帝國與外部世界的關係。這將是本系列第二冊的任務。

公共浴場與圓形競技場——活得「像個羅馬人」

若說要活得「像個羅馬人」，首先應該是拉丁語、羅馬法與羅馬宗教；這些和羅馬公民權一樣，可說是當羅馬人的先決條件。至於日常生活，則有食衣住方面的風格、使用城市公共建築、接受官方提供的便利服務，以及教育等等。其中公共浴場與圓形競技場，更是能「像個羅馬人」的公共設施。隨著帝國的擴張與羅馬生活模式的傳播，這兩項建築傳入被征服地區，被學界當成羅馬化的明確指標。羅馬城建有許多公共浴場，連羅馬皇帝也會光臨使用；在帝國內部的羅馬化城市裡，凡是有廣場的城市也必定有公共浴場；從義大利半島到不列顛島、甚至萊茵河沿岸的羅馬軍要塞，更都備有大小規模不一的浴場。

至於圓形競技場，則是以奴隸身分接受武術訓練的劍鬥士（又稱角鬥士）持真劍決鬥供觀眾觀賞的設施。劍鬥士競技非常受歡迎，許多城市都設有圓形競技場。羅馬城與北義大利的維洛那、南法的亞爾與尼姆都建有宏偉的石砌圓形競技場。邊境行省各地也有規模較小的競技場，供行省民和士兵們觀看表演。

不過，公共浴場與圓形競技場兩者皆非源自羅馬。在共和時期，羅馬男子間並沒有裸裎相見的習慣，也不會一起入浴。不過前一世紀後期首都開始修建公共浴場，浴場逐漸普及，也出現被稱為古羅馬浴場的大型建築。至於劍鬥士競技互鬥，起源自拉丁姆的羅馬人習俗，盛行於義大利半島伊特魯里亞與坎帕尼亞地區，當地自前三世紀開始會於貴族葬禮時舉行劍鬥士競技。原本向亡者靈魂獻血的宗教儀式，後來轉為觀賞節目，不久演變成政治人士提供的代表性活動。羅馬人就是這樣吸收外來的習俗與活動，組織成自己的日常作息與傳統活動。

在羅馬帝國化後，隨著帝國的形成，公民享受娛樂的方式也改變了。戲劇與表演場地逐步修建，娛樂活動也受到管理，人們聚集的空間變成封閉性的空間。例如過去劍鬥士比賽會於公共廣場與大競技場舉行，一世紀後期則為此興建巨大的羅馬圓形競技場（colosseum）。在這樣的會場裡，人們必須根據其法律地位選擇不同的觀看區與座席，場地裡處處可見皇帝與權貴的雕像，也會擺放施恩者的表彰碑。來到這裡觀賞戲劇或比賽活動的人們，在認識提供場地與節目的皇帝、政治人士及帝國實力的同時，也透過座位分布清楚認知自己處於何等地位。娛樂場所是展演秩序的封閉空間。羅馬帝國的統治者不僅管理娛樂，也讓享受娛樂的人們在自覺身為此強大帝國一員的同時，認識自己在這個國家的位階。這是已然完備的帝國力量之展現。

第四章　「中華帝國」的誕生

宮宅　潔

1 「中華」的形成

中國的特殊性

「中國」是人類史上獨一無二的存在。

現在，中華人民共和國的領土面積大約九六〇萬平方公里，是世界第三大的國家，生活在這個國家的人口超過十三億，其中有百分之九十二的人被稱為「漢人」。同樣是漢人，也因地區不同而有語言或文化差異。據說操著一口難懂方言的外地「中國話」，即使同樣是漢人也聽不懂。話說回來，光是使用現在官方認定的標準語「北京話」人口，就已經超過八億。如此大規模的人類團體以同一種語言做為自己的母語，自我認同屬於同一個民族的情況，在世界其他地方都看不到。

實際上，中國過去也曾存在各式各樣的民族與語言。但遼闊的領土在相當早的時期便被統一；經過同化融合後，現在生活在這裡的多數人，即使沒有政治性的強制也說著相同的語言，產生相同的認同。這裡所說的「統一」，指的就是西元前二二一年的中國政治大一統，也就是「秦帝國」的出現。

秦國原本只是個以中國西方為據點的諸侯國，但隨著勢力擴展，最後征服了秦以外的各大諸侯國。其最終版圖自蒙古高原到越南北部，這個在歐美稱為「中國本土」(China proper) 的區域，此時被納入單一帝國的統治下。爾後出現中國本土被複數勢力分割的局面，但也在不久後再度邁向統一，直到現在。至於新疆維吾爾和西藏自治區，是較晚納入「中國」的地區，至今民族紛爭仍持續不斷，但中國本土則幾無動盪。

那麼，中國為什麼能在早期便完成政治統一，並持續維持這樣的狀態？要回答這個問題並不容易。其中當然有地理和自然環境的因素，當然，尊重傳統先例的文化保守主義也是不能遺漏的原因。若把焦點放在秦國的統一事業上，秦始皇的個人性格也是決定歷史走向的因素之一。在此我們將追溯統一的過程及其後百年間的歷史，同時探討中華帝國的原型誕生的時代發生了什麼，又從中產生出什麼。

從殷商到周朝

從文字史料可以確認，中國最早的王朝是殷商（西元前十七～前十一世紀）。根據以《史記》為主的傳統史書記載，在商之前，統治中國的王朝是夏朝。然而，目前尚未找到能確實證明夏朝存在的證據。但在考古挖掘的發現下，已經找到在商朝之前黃河中游流域有王權存在的決定性證據，這個代表性遺跡稱為「二里頭文化」。二里頭文化遺跡出土了用於祭祀、具有特殊造型的青銅器與玉器，而與這些出土文物類似的禮器，也在北方的遼東半島，南方長江流域與四川一帶發現。具有強大影響力的「文化」起源，已在黃河中游流域——所謂的「中原」誕生了。

只是，這樣的影響力既間接又有侷限性。即使是商朝，其勢力能直接觸及的範圍僅止於河南省北部到河北省南部一帶；與此範圍以外的勢力，不過是一方具納貢義務，而商朝贈予青銅器做為賞賜的鬆散關係。

之後周朝（西周：前十一～前八世紀；東周：前八～三世紀）滅商，周王一族與功臣成為諸侯，被派往新納入領土的地區統治。這就是所謂的周代封建制。事實上，周王與諸侯的血緣關係也包括了異姓諸侯，而他們之間是否真的「同宗同心」，值得商榷。不過，中原統治者的政權交替，其影響似乎遍及了中國各地。例如曾存在於現今北京市附近的燕國，其初期都城遺跡琉璃河遺址，就出土了周、商、當地土著等三個系統的陶器，可見周人帶著其所征服的殷商遺民來到了此地。

周建國後，周人及其文化也擴散到各地。雖是如此，但也不應高估周文化的影響及其政治滲透程度。例如在湖北省漢水一帶，中原文化的影響力到了周代反而減弱，當地形成了與後來的「楚」文化相關的特有文化傳統。再說到琉璃河遺址，距離遺址半徑三十公里以外之處，除了出土周代陶器，也有不少以當地土著為主的遺跡。也就是說，周人勢力所及的據點，宛如漂浮在固有文化之海的小島。

遠方的諸侯在不久後便脫離周朝統治獨立。到了西周中期，與周王室相關的青銅器只出現在所謂的「關中」（渭河流域一帶）。這說明周王勢力能直接涵蓋的範圍，應僅限於都城鎬京（又稱宗周，今陝西西安）到東都雒邑（又稱成周，今河南洛陽）的王畿周邊。總之，中國各地受黃河中游政權的文化影響，彼此關係雖然逐漸緊密，但各地仍維持各自的獨特性，各個勢力也還沒有在政治上「統一」的經驗。

霸主體制的建立與「中華」意識

西元前八世紀周幽王駕崩，發生繼位之爭，最後周平王宜臼得到諸侯的幫助，在洛陽即位。遷都洛陽——史稱平王東遷——以前的周朝是西周，之後為東周。即使到了東周，也只有周天子可以稱「王」，得到眾諸侯的敬重。但不久後周天子威望低落，幾乎不被看在眼裡。這也是為什麼比起東周，這個時期稱為「春秋戰國」更加貼切。

從西周後期到春秋時代，各諸侯國的內亂與糾紛不斷，平王東遷也是其中的一部分。因紛爭而疲弊叢生的諸侯國，決定以最強大的諸侯為盟主結盟，藉盟主的軍事政治力量以及同盟國的約束力，來迴避和調停紛爭。這樣的體制被稱為「霸主體制」，以齊桓公為首的「春秋五霸」最廣為人知。但實際上，霸權始終掌握在中原大國晉國手中，以晉為中心的同盟諸國與來自南方意圖入侵中原的楚國對立。直到前六世紀左右，晉楚爭霸的局勢成為政治基調。

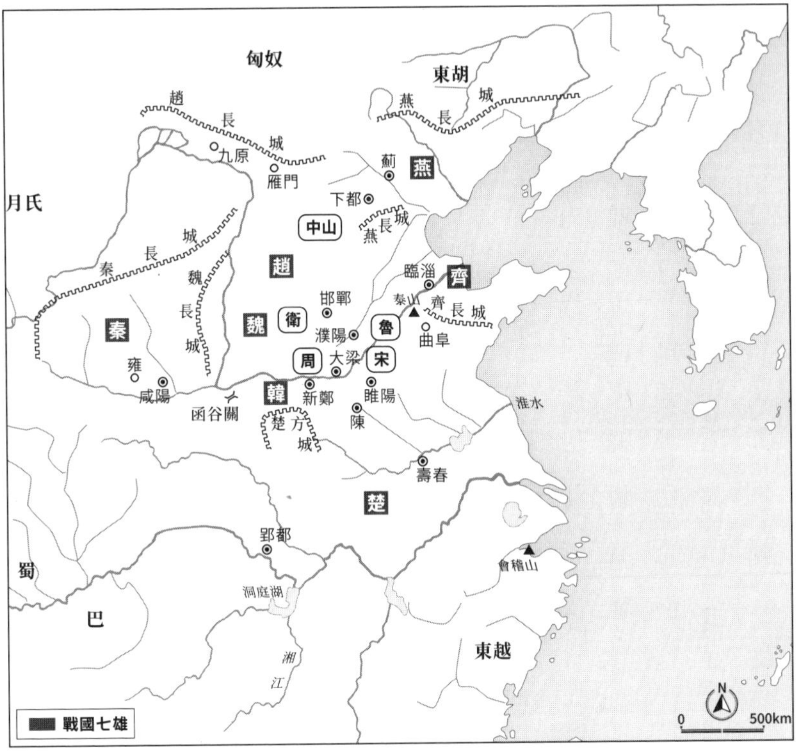
匈奴
東胡
月氏
趙長城
燕長城
九原
雁門
薊
燕
下都
中山
燕長城
秦長城
魏長城
趙
臨淄
齊
泰山
齊長城
邯鄲
衛
魯
曲阜
秦
魏
濮陽
雍
周
大梁
宋
咸陽
韓
新鄭
睢陽
淮水
函谷關
楚方城
陳
壽春
楚
郢都
蜀
會稽山
洞庭湖
巴
湘江
東越
戰國七雄
N
0
500km

戰國七雄版圖

加入同盟的諸侯們在開戰前與締約時，如有必要便集合一地會談，把會議中決定的事項寫下來，稱為「盟辭」（誓言），並舉行儀式宣誓遵守。為了尊重周天子的權威，儀式均使用周的音樂、語言與文字。與會者互相承認是周天下秩序、也就是夏王朝秩序的遵從者，稱自己為「諸夏」、「中國」。西周史料已經出現「中國」（或中）這個詞，但當時只指王都周邊與王畿。到了春秋時代，「中國」意指支持同盟的複數諸侯國，不屬於同盟的勢力則為「夷狄」、「蠻夷」，被置於與中國對立的位置。這就是所謂「中華思想」的萌芽。

被排除在「中華」之外的「夷狄」通常稱為「外族」。參加同盟的諸侯國（大多與周王同姓）周邊甚至其境內，都住著與諸侯國語言風俗各異的部落，他們被稱為「夷」、「狄」。但參加同盟與否亦為分別「中國」與「夷狄」的重要因素，即使有共同的文化和習俗，一旦脫離同盟，就會被視為「夷狄」。同盟的最大敵人楚國，理所當然被歸類為夷狄。楚的語言習俗較為獨特，但其被視為夷狄更重要的原因是楚很早便自稱「王」，不服從以周天子為共主的政治秩序。

前五四六年，晉楚達成和平協議，霸主制度失去存在的意義，不久後就消失了。在缺乏霸主威懾下，各諸侯國內紛爭頻傳，晉國也在前四五三年時分裂成韓、趙、魏三國。小國逐漸遭到淘汰，被稱為「戰國七雄」的七大國——韓、趙、魏、楚、燕、齊、秦——相互征伐，揭開戰國時代的序幕。「中華」意識也在這樣的情勢下產生變化。所謂「中國」的範圍更大了，不再是過去概念性的人類群體集合，而是具有明確疆界的「疆域」。約莫前四世紀末，對於當時的局勢，孟子對齊宣王（前三一九～前三〇一年在位）有如下的敘述：

然則王之所大欲可知已。欲辟土地，朝秦楚，莅中國而撫四夷也。以若所為求若所欲，猶緣木而求魚也。……然……海內之地方千里者九，齊集有其一。

——《孟子》梁惠王上

孟子腦中的世界，是由每邊各三個邊長千里的正方形排列而成的邊長三千里大正方形。這是中國形容天下規模的最早史料。另外，孟子認為「中國」及其四方蠻族（「四夷」）對峙，而「中國」內部在文化上是均質的。楚、秦雖非「中國」，但也早已不是蠻族。至此已可將約當現今中國本土的區域，視為具有文化共通性的一個空間。

「中國」自古以來即非一體，甚至也不存在應為一體的認知。被視為「中國」的這片廣大土地，內部各種勢力要到孟子的時代，才開始意識到將來有合而為一的可能。也就是說，被「統一」的對象終於以明確的姿態出現。

孟子期盼結束戰亂時代，遂說明統一的必要性，並提到大一統者應有的條件。他說：

「天下惡乎定？」、「定于一。」、「孰能一之？」、「不嗜殺人者能一之」。

——《孟子》梁惠王上

這是提倡性善說的孟子心目中理想的大一統者形象。然而實際的情形為何？接下來就來談談統一的主角——「秦」。

2 秦的歷史

秦的崛起與商鞅變法

根據《史記》記載，周孝王時非子為王飼養大量馬匹有功，獲封「秦」（今甘肅天水附近）地。秦國由此興起。據說東遷之際，秦國派兵護衛周平王抵洛陽，秦周之間的聯繫雖然可追溯到前八世紀末，但實際上之後接觸仍然有限。秦據關中平原不出，被其他諸侯國視為「夷狄」。有人將這個看法與因飼馬獲功等相互連結，主張秦是野蠻的國家，是有別於中原的異質文化，非農耕民族。但和前面提到的楚國一樣，被視為「夷狄」，未必意味其文化的異質與落後。從秦景公（前五七六～前五三七年在位）之墓「秦公大墓」的宏偉，以及遺留了西周以來的傳統青銅器銘文，皆可看出秦的高文化水平與強大王權。

不久後戰國時代來臨，秦遭受魏國等勢力侵攻，為了對抗魏國，秦推動中央集權，制定官僚與戶籍制度，並確立徵民為兵的軍事制度。這些制度的嘗試實際上經過了緩慢推行，但在《史記》的敘述中，卻宛如是由一個人強硬地全面推動。也就是所謂的「商鞅變法」。

商鞅原本是東方小國「衛國」人士，因響應秦孝公（前三六一～前三三八年在位）召募天下賢才而來到秦國，得到秦孝公的信任，發動兩次的制度改革（變法）。根據《史記・商君列傳》，第一次變法（前三五九年）實施「什伍連坐法」（每五戶編成一伍，十戶編成一什，「伍」、「什」之中有一戶犯罪而其他戶不告發者，負有連帶責任）與「分異令」（一戶有兩名以上成年男子者須分家立戶，否則加倍賦稅）。這些改革是以維護治安與徵調軍資為目的，是為了在戰亂中活下來而開立的特效處方箋。雖然改革一開始時不被接受，但商鞅對違反者施以嚴懲，使人民逐漸服從新的法令。

然後是九年後（前三五〇年）的第二次變法，這次改革重點在充實內政。包括完善縣制與改變耕地劃分，就是在此時進行。

「縣」在商鞅變法前就已存在。前六八八年秦征討西方外族，後於該地設縣，是秦國置縣的最早例子。從這個例子看來，「縣」原是設於新領地的行政區。更準確地說，是將新獲得的「邑」（周圍環繞著城郭的城市及其周邊土地。在古代中國，包括農民在內，人們一般都集中住在外有城郭的城市）改設為「縣」，做為士兵與軍需的供給據點而嚴格管理。

因此在置縣時，原有統治階層有時會遭到驅逐，官僚組織中的官吏被派遣為新的統治者，「縣」成為中央集權下的地方統治據點。縣的設置地點也不再限於邊境，秦獻公（前三八四～前三六一年在位）時亦在關中的櫟陽設縣，並遷都於此。之後秦孝公承續了這樣的趨勢，縣制普及秦境全土。在縣之上置有統括各縣的「郡」，並以多種形式存在，統治方式也依郡內的城市、聚落不同而各異。國家即在所謂「郡縣制」的基礎上，進行均質與合理的統治。

實施郡縣制後，國家便能更有效率地徵調戰爭經費與兵員，秦此後的軍事勝利毫無疑問地與此有關。秦攻打東方諸侯國（戰國七雄中的其他六國）的過程中，也在新的占領地設置郡縣，做為擴張領土的立足點。如此看來，秦滅六國後在全國實施郡縣制，是理所當然的事。但有一點必須注意，設置郡縣之目的是為了支持軍事行動，可說是在戰時非常體制下採用，基本上是臨時性的制度。因此當秦統一六國，實現「和平」時，秦的執政者之間便為了是否維持郡縣制而意見分歧。關於這點後面會再敘述。

邁向「統一」之路

前三六四年秦大勝魏，取得了斬首六萬的戰果，這是其各項改革開始獲得成效的證據。秦孝公的繼承人是秦惠文王（前三三七～前三一一年在位）。秦惠文王放棄尊奉周天子的體制，自稱為「王」，其他諸侯也紛紛稱王，以周王為頂點的政治秩序徹底消失。前面介紹過孟子曾說「不嗜殺人者能一之」（討厭殺人的人能成就統一的事業），大約就是在此時說的。孟子眼中早已看不到軟弱無力的周王，他急切等待新的理想君王現身、終結平庸霸主們的那一日。

秦惠文王去世後，經過武王的短暫統治，秦昭襄王即位（前三〇六～前二五一年在位）。秦昭

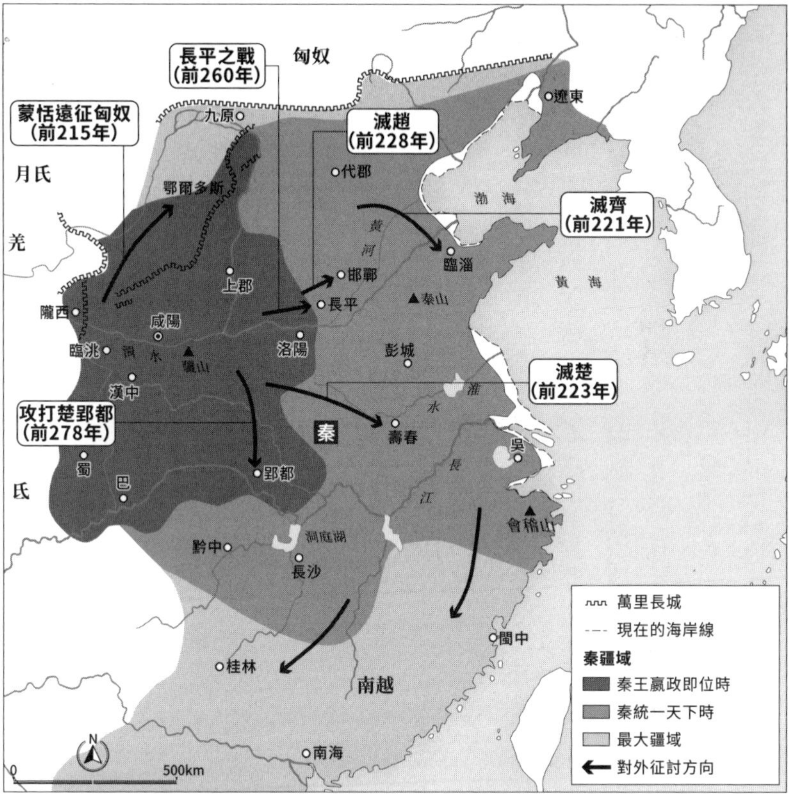
長平之戰
(前260年)
匈奴
蒙恬遠征匈奴
(前215年)
九原
滅趙
(前228年)
遼東
月氏
鄂爾多斯
代郡
渤海
滅齊
(前221年)
羌
黃河
臨淄
上郡
邯鄲
黃海
隴西
長平
泰山
咸陽
洛陽
臨洮
渭水
驪山
彭城
漢中
滅楚
(前223年)
淮水
攻打楚郢都
(前278年)
秦
壽春
吳
蜀
郢都
長江
巴
氐
會稽山
洞庭湖
黔中
長沙
萬里長城
現在的海岸線
秦疆域
秦王嬴政即位時
秦統一天下時
最大疆域
對外征討方向
閩中
桂林
南越
南海
N
0
500km

秦統一中國的過程

襄王在位長達五十六年，在當時幾乎沒有前例，為秦日後的統一大業奠定了基礎。

即使到了戰國時代，一開始握有主導權的仍然是中原的諸侯國，尤其是以晉國繼承者自居的魏國。但中原地區開發較早，因此也很快就達到極限，到了戰國後期，因土地不足而產生的人口過剩問題嚴重，而中原諸侯國四周環繞著其他諸侯國，要取得新的領土更是不易。於是，爭奪霸權的主角寶座只能讓給中原以外的諸侯國，也就是西方的秦、南方的楚、東方的齊，和成功侵入北方的趙等四國。

這四國之中直接與秦對峙的是楚、趙兩國。楚與秦同被視為「蠻夷」，基本上維持著友好關係，但是自前四世紀末開始，雙方突然展開激烈的對立。秦昭襄王即位之初還展現出親楚的姿態，但不久再度進攻楚國。秦沿著進軍路線占領據點，在前二七八年時攻陷楚國都城郢都，將楚王驅趕至東方。

接下來秦將矛頭轉向趙國。秦趙兩國爭奪的是當時被稱為「上黨」的地方（今山西省東南）。上黨原是韓國領土，但因秦國東進而斷絕了與韓的連繫，上黨的領主選擇歸附趙而非秦，採取與秦對立的態度。秦趙兩國爭奪上黨的衝突，最終導致長平之戰（前二六〇年），秦動員大量士兵包圍趙軍大勝，據說更坑殺了四十餘萬名趙卒。從此，秦在軍事上的優勢再也無法撼動。

話雖如此，至西元前二二一年秦滅六國完成統一大業，前後也花了四十年左右的時間。耗時如此之久的原因，包括長平之戰亦讓秦國蒙受重大損失，以及秦國內部勢力的鬥爭造成外交政策的搖擺，但最大的因素還是在於前二五一年秦昭襄王去世後，接下來幾位君王在位時間都很短暫。還有一件絕對不能忘記的事，那就是秦所瞄準的最終目標既非征服六國，當然也不是統治中國全土。在此要介紹兩位思想家以秦為中心，所預想的「大一統國家」像。

秦的「大一統國家」像

相對於孟子「性善說」，以提倡「性惡說」聞名的荀子出生於戰國時代末期，當時秦的優勢已是有目共睹。荀子在秦昭襄王末年至秦國展開遊說，親眼目睹了當時秦國的情形。他會見秦國宰相范睢，論述其分析：秦的地勢、風俗、制度優於六國，故能在軍事上取得勝利。但秦的地位並不穩固。對於秦今後應走的道路，荀子這樣說：

> 節威反文，案用夫端誠信全之君子治天下焉，因與之參國政，正是非，治曲直，聽咸陽，順者錯之，不順者而後誅之。若是，則兵不復出於塞外，而令行於天下矣。
>
> ——《荀子·彊國》

荀子斷定秦國偏重於「武」，應要像古代聖人重視「文」治。暫且不論荀子的理想主義與德治主義，這裡要關注的點是，荀子認為秦以德治所得到的天下，是以各方諸侯向秦朝貢的形式來實現。也就是秦軍事征伐的目標並非「滅六國」，而是「六國朝貢」。

荀子的弟子——著名的「法家」學者韓非子，更具體敘述了諸侯向秦服從的「統一」方式。韓非子在年輕的秦始皇面前評論了秦國歷來的戰略，最後如此誇口：

> 大王誠聽其說，一舉而天下之從不破，趙不舉，韓不亡，荊、魏不臣，齊、燕不親，霸王之名不成，四鄰諸侯不朝，大王斬臣以徇國，以為王謀不忠者也。
>
> ——《韓非子．初見秦》

這是一種高明的話術，讓聽者不由自主地探出身子，想繼續聽下去。也就是說，當時秦始皇想要的是消滅鄰國韓與趙，讓與秦有點距離的楚、魏順從己令，並與遠方的齊國與燕國保持和睦關係。他並沒有想要征服六國，奪走六國君王的權限。

事實上在前二三三年，二十七歲的秦王嬴政（後來的秦始皇）似乎確實與韓非子見了面，但兩人之間是否真有前述對話令人存疑。對話中描述的局勢不像是秦始皇，更像是秦昭襄王的時代，再加上其他書籍中也可找到年代更早的相似軼事。雖說如此，從幾個線索可以知道，以武力征服六國未必是秦的目標。例如秦昭襄王在長平之戰取得大勝後，就斷絕與周的關係，並在前二五四年要求諸侯們向自己朝貢，隔年更在舊都雍城祭「天」。接受新的天命，取代周王為天子，和周一樣在封建制度的架構下讓諸侯臣服，此方針在嬴政即位後也未立即出現變化。

從共存到征服

嬴政即位時僅十三歲。宮中勢力被太后（嬴政之母）及其寵信把持，實際執掌政務者為宰相呂不韋。呂不韋執政時秦國出兵韓魏，當魏趙間關係緊張，便將人質送還給趙國，以此協調兩國關係，與諸侯維持外交的方針尚未改變。前二三八年，已經二十二歲的嬴政肅清太后的人馬，罷免呂不韋，開始親政。前二三七年，齊王與趙王仍舊和以前一樣，到秦的首都朝貢。

但自隔年起，秦的方針改變了。秦加強對六國的攻勢，首先是出兵趙國。長平之戰二十多年後，趙亦恢復部分國力，不輕易降秦。前二三二年，秦大規模動員攻趙，卻沒什麼戰果。翌年，秦「初令男子書年」，即首次下令讓男子申報年齡，這是為進一步正確掌握能負擔兵役者的數量與地點，以充實動員體制。前二三〇年，秦先滅韓。前二二九年，秦為了隔年征服趙國的行動，進行第二次大規模動員。進駐趙地的秦軍繼續揮軍攻燕，此外也派遠征軍前往楚、魏。前二二五年，遠征魏國的秦軍順利滅魏，大軍繼續往東壓制齊國，但由於派去攻打南方大國楚國的軍隊受挫，一度被迫撤退，於是前二二四年秦第三次大規模動員，據說這次遠征楚國的兵力高達六十萬人。面對這樣的大軍，楚國終於也在隔年被滅。前二二二年，經過最後一次的大規模動員，秦軍終結燕國，於翌年南下攻入齊國，六國的最後一國終於被秦所滅。此時是前二二一年。

從改變方針的前二三六年算起，一共是十六年；若從「初令男子書年」實施、正式宣告征戰的第二次大規模動員開始計算，秦僅以九年的時間便完成征服六國的大業。對此難免讓人想問，為何能在這麼短的時間內完成如此大業？其實答案很簡單，秦的綜合性軍事力量早已凌駕六國之上。面對秦輕易消滅六國的事實，或許更應該要問的問題是：秦為何這麼晚才發動征服攻勢？

考慮到「從共存到征服」這個重大轉變的背景中存在的種種因素，這個問題並不容易回答。在此不去深究那些因素，我們直接來看看秦王嬴政本人的主張：

> 異日韓王納地效璽，請為藩臣，已而倍約，與趙、魏合從畔秦，故興兵誅之，虜其王。……趙王使其相李牧來約盟，故歸其質子。已而倍盟，反我太原，故興兵誅之，得其王。……魏王始約服入秦，已而與韓、趙謀襲秦，秦兵吏誅，遂破之。荊王獻青陽以西，已而畔約，擊我南郡，故發兵誅，得其王，遂定其荊地。燕王昏亂，其太子丹乃陰令荊軻為賊，兵吏誅，滅其國。齊王用后勝計，絕秦使，欲為亂，兵吏誅，虜其王，平齊地。
>
> ——《史記・秦始皇本紀》

打算建立友誼，謀求共存，卻因為被背叛而消滅對方。這不過是勝者的說詞，而敗者一定也有自己的理由。但如同引文所述，事實上各國的「背叛行為」，確實發生在嬴政即位後、出兵征討各國前與征戰期間。放棄共存，轉以武力統一建立新秩序，與其說是經過冷靜計算，不如說是秦王盛怒之下的結果。有時扣下改變歷史板機的，或許就是這股難以控制的憤怒與怨恨所累積的衝動。

以上所概述的，是一個複數存在的文化圈受中原文化影響走向均質化的過程，「中華」這個自我意識的萌芽，以及諸侯國從共存走向統一的過程。在此必須注意，直到帝國誕生之前，「統一」都不是一開始就設定好的目標。現在我們追溯到了西元前二二一年，不妨稍微變換一下視角。這一年生活在中國、親身體驗「帝國誕生」的人們看到了什麼？又有什麼感受？接著就來聽聽同一個時代裡，這些在歷史上未曾留名、生活在地方的小人物們，完全沒有後世偏見渲染過的聲音吧。

◆ COLUMN ◆

秦漢的戶籍制度

秦獻公十年（前三七五年），秦國開始設置戶籍。從春秋末期到戰國，確保得以戰勝的兵源與整頓支撐戰爭的國家經濟基盤，成為切實的問題，而設置戶籍就是讓君王能正確掌握所有戶口，以鞏固兵役與徵稅基礎。此事各地皆同，每個諸侯國都能看到相同的措施。雖然戰國時期制度的詳細情形不明，但近年來關於漢代初期戶籍制的法律已有了新的發現，可一窺其實際狀況。

每年八月，以鄉的公職人員為主的地方官員會進行戶口調查。人民在此時申報年齡，家中有新生兒也要配合申報。除了年齡外，耕地、租稅額、各自的爵位也需造冊登記。如名稱所示，「戶籍」以「戶」為單位作成。「戶」通常是以一對夫婦及其未婚子女為中心所構成的血緣家族，不過有時奴僕也會計算在內。「戶人」的意思是戶主，通常是男性，但也有寡婦與未婚女性成戶的例子。一戶的戶主死後，便由嫡子繼承戶主地位，而嫡子以外的男子也被允許獨立另建一戶。

新建一戶時，地方官員會發給耕地，而得到耕地的多寡，取決於爵位的高低，大致上是無爵位者可得一頃（約四．五公頃）地，而一級爵的「公士」可獲得的土地是一頃半。因此，當兒子的爵位比父親低時，兒子也只能繼承耕地的一部分。

照敘述看起來，似乎是個嚴密的土地國有制，其實不然。發給耕地是有附帶條件的，那就是「如果有可發給的土地」，意思是官方未必會按照規定發放耕地。又該制允許耕地分割繼承與讓渡他人，因此繼承時幾乎不會歸還國家耕地。所謂「普天之下，莫非王土」不過是名義上，耕地的占有世襲在事實上是被承認的。

不過，即使是名義上的地，既然接受了國家耕地，接受者就有義務付出相應負擔。「戶」是負擔兵役與租稅義務的單位。男子到了一定年齡就需登記負擔兵役與徭役，直到年紀大被「免老」為止，都須為皇帝奉獻自己的義務。另一方面亦設置以「戶」為單位徵收租稅的「戶賦」、「戶芻」，而個別徵收的人頭稅，實際上也是按戶彙總。

戶籍上記載了各戶成員的名字、住所、年齡，以及爵位的有無。爵位原本是按軍功授予，如第一級的爵位稱「公士」，受爵者擁有「士」的身分，也就是「卿、大夫、士」所構成的統治階級中的一員。從前，士與一般人（所謂的庶民）之間有著明確界線，只有「士」以上才能擁有武裝與參政權。從這點來看，「爵位」相當於羅馬帝國的「公民權」。但在戰國時代，庶民也必須上戰場，因此也有了爵位，於是爵位最後被無償廣賜給庶人。可以說，皇帝為了提高人民的向心力，把「公民權」賜給了所有的良民男子。藉由爵位與賦予相應的耕地，拉攏臣民歡心，並向臣民課徵兵役和納稅做為回報，戶籍制度就是維繫上述架構的基礎。

3 同時代人眼中西元前二二一年的中國

來自睡虎地秦簡的史料

第一位發聲的證人名字是「喜」。喜出生於前二六二年十二月，較秦王嬴政早三年出生。喜三歲時長平之戰開打，十二歲時秦昭襄王薨。嬴政即位元年，喜十七歲，登錄為可負擔徭役的成年男子。喜雖然不是含著銀湯匙出生，但受惠於小時候有機會習字讀書，十九歲就被選用為官衙文書工作的小吏。之後，喜順利累積經歷，二十二歲成為南郡安陸縣（今湖北省雲夢縣）長官屬吏，負責文書，二十三歲前往安陸縣北邊的鄢縣（湖北省宜城市）擔任相同職位，二十八歲調任同縣負責審判的官吏。

隔年，二十九歲的喜初次從軍，但不知是被送往哪個戰場。兩年後他再度從軍，戰地在平陽（河北省臨漳縣），這裡是趙國都城，位於邯鄲南方。這一年是前二三二年，也就是秦首次大規模動員攻趙的那一年。喜似乎因動員而遠離了故鄉。如前所述，此時秦的戰果並不理想。翌年，秦命令所有男子申報年齡，喜亦遵令申報。很幸運地，他似乎沒被下令再次入伍。

以上所介紹的，是一九七五年在湖北省雲夢縣睡虎地發現的秦代竹簡（書寫文字時所使用的竹片）上記載的內容。更準確地說，那是隨葬於睡虎地十一號秦墓的竹簡（睡虎地秦簡）中被稱為《編年記》的史料。這是由五十三片竹簡組成，記錄從前三〇六年到前二一七年，前後九十年的年

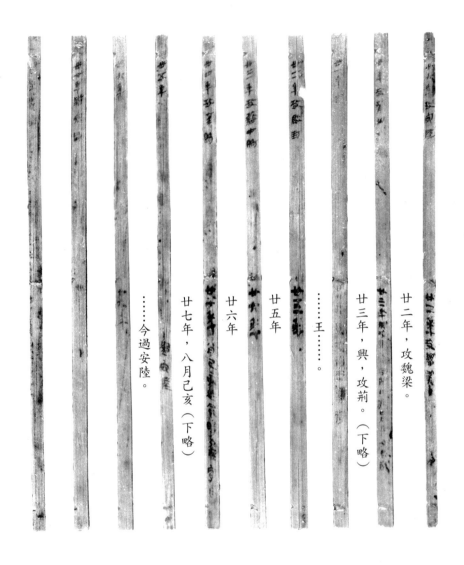

圖 4-1　睡虎地秦簡「編年記」（部分）

下面的數字為竹簡編號。「廿五年」（前二二二年）與「廿六年」（前二二六年）的竹簡上沒有寫任何事件。

表，所載內容為發生在秦國的大事件，與墓主——也就是喜的個人生命史。以下是自秦始皇十七年以降的內容。引文中的「……」與「□」為文字無法辨認與難以解釋的部分：

西元前二三〇年，攻韓。
西元前二二九年，攻趙。正月，兒子恢出生。
西元前二二八年，……南郡採取警戒狀態。
西元前二二七年，七月母亡。韓王被置於□山。
西元前二二六年，韓王死。昌平君（楚的公子）被移。……
西元前二二五年，攻打魏都太梁。
西元前二二四年，動員士兵，攻楚。……四月昌文君死。
西元前二二三年，……王……。

上述年表紀事與前面介紹的征服戰爭過程一致，可見這個史料的可信度相當高。既然如此，接下來的紀載應該就是前二二二年燕國滅亡、前二二一年齊國滅亡，秦國完成統一吧。抱著這樣的想法閱讀下去，會意外地發現前二二二年、前二二一年的欄目上竟然什麼也沒寫。

有人認為這樣的沉默一定有其意義。換言之，南郡原本是楚地，喜的家族一定有楚人的血統，於是喜在深愛的祖國滅亡後頹然棄筆，不再記錄秦國統一的「歷史大業」，藉此表達自己無言的抗議。

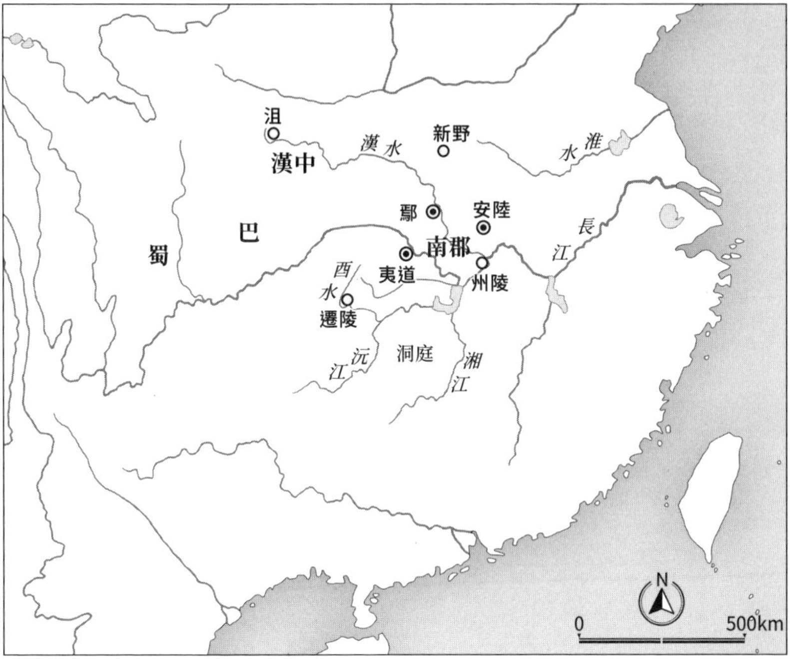

睡虎地秦簡相關地圖

可是，這也太過牽強附會了吧！《編年記》正確記載了秦征服戰爭的進展，卻隻字未提六國方面的反擊，看不出任何反秦的態度。原本會吸引喜的事件範圍就窄，雖有提到楚與以南郡北方為據點的韓，但對遠方的燕、齊、魏和趙幾乎漠不關心。而且，其它欄目也有年分是空白的。不得不說「無言的抗議」這種解釋，是受「楚雖三戶，亡秦必楚」（《漢書．項籍傳》）這類反秦口號影響，而先入為主的刻板觀念。

或許對喜來說，前二二一年是沒有重大事件發生的一年。雖然前面以「意外」來形容，但若再想想，那一年的欄目空白，或許是理所當然的事。距離南郡遙遠的燕與齊即使滅亡，也沒有帶給喜什麼感觸，對喜的日常生活更是沒有造成任何影響。

秦統一六國是順勢而成，並非值得紀念的大業。至少生活於地方上的一介小官，當時還沒有那樣的意識。

話說回來，喜或許還是感受到了周圍的微妙變化，例如最近在周圍徘徊的陌生人好像變多了。但要取締這些陌生人，負責執行的下級官吏似乎人手不夠。

來自里耶秦簡的史料

接下來站上證人席的，是洞庭郡遷陵縣的官吏。洞庭縣位於南郡之南，於今日湖南省西北部。在洞庭縣西端，湖南省、湖北省及重慶市交接處的山間城鎮（現湖南省龍山縣里耶鎮），就是秦代遷陵縣的所在。該縣遺址在二〇〇二年發掘出土，從古老的井中發現了三萬八千片木簡。這批新出土的木簡被稱為「里耶秦簡」，它們是秦代官衙執行業務時完成和保存的公文，後來應是被廢棄而丟進古井。

根據里耶秦簡，遷陵縣設於前二二二年。前一年滅了楚國的遠征軍在這一年南下，平定長江以南的土著勢力，洞庭郡及其下所屬縣治，似乎是應此情況而設置的新行政單位，秦也很快送了一批官吏到位於深山的里耶。此時是前二二一年，也就是秦始皇二十六年。

當時遷陵縣長官的名字是「拔」，這一年稍早的代理長官名為「祿」，在他們之下有一定人數的下層官吏，負責記錄出借的官船有沒有返還、遷移者已到達但記載其年齡的簿冊尚未送到、出現三十名左右的盜賊集團、請求增派兵員等各種報告與委託。秦始皇二十六年的文件中也可看到如下的報告書簡：

廿六年十二月癸丑朔庚申，遷陵守祿敢言之：「沮守瘳言：『課廿四年畜息子得錢殿。沮守周主。為新地吏，令縣論言夬（決）。』．問之，周不在遷陵。敢言之。」

——里耶秦簡⑧一五一六

白話文：

秦始皇二十六年十二月八日，遷陵縣代理長官祿的報告。沮縣（今陝西省勉縣附近）的代理長官瘳表示：「秦始皇二十四年，關於出售官有家畜生產幼畜的事業，本縣成績評價最差。（前）沮縣代理長官周是負責人，但已成為〈新地吏〉前往貴處赴任，請貴處負責審理他，並傳遞裁定報告給本縣。」．已在本縣詢問過相關部會，周不在遷陵縣。報告如上。

當時官吏需接受年度工作評定，成績不佳者將受懲處。前面提到應負起責任的「周」，由於成為〈新地吏〉（新占領地的官吏）調任洞庭郡，因此來詢問他的下落。關於〈新地吏〉，根據下面要介紹的岳麓書院藏秦簡中記載的相關規定，因工作犯錯或病弱而暫時被免職的官員，會成為〈新地吏〉。雖然不知道周從陝西調任到湖南的原因為何，但從前面的敘述看來，周都不是一個能幹的官員。

話雖如此，但這裡的重點不是要挑剔官吏的好壞。由於征服戰爭，秦的領土陡然大增，急須管理新占領地的人才。任用官吏中應該也包含在地人才，但也不可能輕率地委以昨日敵人重要職位。更何況遷陵縣位於偏僻山間，一開始就很難期待此地有「在地人才」。里耶秦簡中看得到的官吏，從上級長官到低階小吏，皆出自其他郡縣。由於沒有人喜歡到偏僻地方赴任，因此裡頭有許多是限期赴任的單身者，要不然就是無能的官吏，其中有半數是因懲罰而調動的官員。

從里耶秦簡還可以看到，遷陵縣的官吏主要來自秦統治時間較長的漢中與巴蜀（今陝西南端與四川一帶），也有「喜」生活的南郡出身者。或許「喜」的同僚中也有以「新地吏」身分到郡外赴任的人。遷陵縣官吏定額是一〇三名，原本就不足，而實際在職的官吏更是只有五十三名。

其他流入新占領地的外來人士，還有士兵與刑徒。雖不知是什麼時候的數字，但遷陵縣有超過六百名以上的駐軍，其中能夠確認出身地的，都是來自其他郡。另外也有三到四百名刑徒在這裡服勞役，雖不知他們是哪裡人，但不難想像都是來自外地。在岳麓書院藏秦簡的審判紀錄中，也可看到犯下通姦罪者從夏陽縣（今陝西省韓城縣附近）被送到新占領的魏縣（今河北省大名縣附近）服役的例子。

由於征服戰爭及其後的統一事業，造成了大規模的人口遷徙。被動員出征的秦人、不得不離開因戰亂而荒廢的故鄉被征服地之人、被送往新占領地的官吏、士兵和刑徒等等，都是這波大規模遷徙的人口之一。而統一後繼續進行的軍事行動與土木工程，亦動員相當多的人力。此外，為削弱占領地的力量，秦除了遷徙天下富豪十二萬戶至首都咸陽外，還強迫遷居三萬戶到秦始皇陵周邊，五萬戶移住到雲陽宮，這些也不能忘記。

前面列舉的人們當中，若是以士兵或人伕而被動員，任務後便可獲准返鄉，與被強制遷徙者的境遇不同。然而工作相當辛苦，即便可以在任務結束後返鄉，但在故鄉也未必是安穩生活。他們之中一定也有逃離任務，寧可選擇在新天地過生活的人。在統一前後離開故鄉的人們有著各自的故事，我們也來聽聽他們的聲音吧。

來自岳麓書院藏秦簡的史料

前二二二年四月，南郡州陵縣的衙役拘捕了十名男女。他們被懷疑計劃合夥搶劫與殺人。經過審訊，得知其中四人是從秦地逃走的「秦人」。同年二月，州陵縣也逮捕了十四名強盜殺人集團，其成員有四名「秦人」，十名「荊（楚）人」。這四名秦人逃亡到楚的領地，在那裡認識了其他同夥，後來雖想一起投降秦而回到州陵縣，又怕受到處罰而不敢自首，便藏身山谷淪為盜賊。

關於這些事情的紀錄，都可在前面提到的岳麓書院藏秦簡（以下簡稱岳麓簡）中看到。岳麓簡不同於睡虎地與里耶秦簡，不是發掘出土的文物，而是岳麓書院自香港購回的盜墓古物。然而這些古物缺乏出土資料，不知是來自秦墓還是漢墓，也不知是來自貴族墓還是庶民墓。雖說如此，這些書簡出現在骨董市場時，里耶秦簡還沒被公開，但在里耶秦簡裡首次發現的新事實，亦可在岳麓簡找到一致的內容，足可見其非贗品。上面介紹的事件，就出自〈為獄狀等四種〉中記載的一連串審判紀錄。

在這些事件中，犯人是否為秦人成了問題，但雖說是「秦人」，他們未必認同秦文化，也未必出身自秦王所在的關中。降秦者一律被視為秦人，亦曾有座城市向秦投降後，所有居民都被視為「秦人」的情形。從上述例子中可見「秦人」與「楚人」混雜的現象，反映出當時大規模的人口流動。在岳麓簡中有一件前二二五年的案子，南陽郡新野縣（今河南省新野縣）的少年大膽偽造將軍書信，冒充其子騙取錢財，之後逃到楚國。才十五歲的少年竟然會有「逃到楚國」的念頭，與當時的社會狀況絕對脫不了關係。

關於士兵的身分，在岳麓簡裡可看到令人深感興趣的例子。前二二六年有件與盜墓者相關的案子，其中一名叫做「祿」的「冗募」*，他和其他逃亡者一起捕魚維生，向同伴稱自己正在逃亡，以前住在夷道（今湖北省宜昌縣）。「冗募」是服役時間較長的志願兵，有別於短時間輪替的徵召兵「更戍」，像「祿」那樣的人是為了吃一口飯而從軍，其社會與經濟處境絕非良好。這個例子裡還有其他的「冗募」們，但未明言是否為逃兵。他們買賣盜挖的物品，參與盜墓行動，過著不怎麼正經的人生。即使他們並非逃兵，若能順利退伍，應該也不會想要返回故鄉吧。

雖不知這些「冗募」們出身何處，但他們之中也有「上造」爵位（從下數起第二級的爵位，僅高於「公士」，斬兩個敵人首級者可得此爵位），參與實戰獲得軍功的老兵。而前二二六年正好也是秦開始遠征楚國的那一年。據推測，李信在翌年率領二十萬大軍攻打楚國但受挫，前二二四年秦國再次派出六十萬大軍。大軍的核心部隊明顯是在關中組織起來的，在秦始皇目送下遠征楚國。軍事遠征無疑是大規模人口遷徙的重要契機，讓各種管道的人們分散到中國全土，這是我們必須記得的時代背景。

或許是這些當代人發出來的聲音太有意思，讓人不免過度想像了。時間上離前二二一年還有些距離。現在我們把視角拉回秦始皇身上，再次追溯統一後的發展。

4　秦的占領政策及其界限

貫徹郡縣制

雖然被睡虎地秦墓的主人「喜」完全忽略，但當秦滅齊，完成「統一大業」時，秦王嬴政還是

＊ 秦律稱召募兵為冗募，服役時間較長，是傭兵。

不免沉浸於興奮之情。繼前一年允許天下萬民舉辦盛大酒宴，隔年前二二〇年，又將通常在戰場上按斬敵首數所授的爵位一口氣各升了一級，這些都顯示出秦始皇個人的喜悅。

不過，統一後得面臨非常多的課題。突然擴大的領土該如何治理？這是中國全境首次歸於一人統治之下，即便想參考，也不存在可以參考的「先例」。嬴政本人也很清楚這點，於是他採用「皇帝」這個稱號來取代「王」，宣告自己是完全不同於「王」的存在。「皇帝」做為治理全天下的統治者，中華「帝國」的基本型態就此誕生。

然而光是改稱號，並不會讓天下萬民順服效忠。為了向帝國展示權威，應該怎麼做才好呢？群臣自統一的這一年起就圍繞著這個問題反覆討論。宰相王綰率先表示意見：

> 諸侯初破，燕、齊、荊地遠，不為置王，毋以填之。請立諸子，唯上幸許。
>
> ——《史記・秦始皇本紀》

秦已經在占領地設置了新的郡縣。前二二二年占領江南時，如同前面所提，秦即在此置洞庭郡，下轄諸縣。因此，當完成中國全境統一的同時，可以說整個帝國就已經實施郡縣制了。向秦始皇提出新稱號的上奏文中，就有「今海內賴陛下神靈一統，皆為郡縣」的宣言。

王綰憂心當時局勢所潛藏的問題，那就是治理遙遠領土的困難。當領土只限關中平原一帶時尚且不論，當領土擴大到沿海的現在，郡縣制還能發揮作用嗎？各郡與縣的首長由秦國的官吏出任，他們身為龐大官僚機構的一部分，在決定重要事項時必須報知上級，請求裁決。但依照情況不同，有時也可能發生來不及等待中央裁決的情形。如果能在距離中央遙遠的領土置「王」，讓「王」因應各地實情獨自裁決，不就可以穩定治理占領地了嗎？王綰的擔憂是正確的，在通訊和交通設施尚未完善的階段，他的提案比較實際。但廷尉李斯反對王綰的意見。李斯認為：

周文武所封子弟同姓甚眾，然後屬疏遠，相攻擊如仇讎，諸侯更相誅伐，周天子弗能禁止。今海內賴陛下神靈一統，皆為郡縣，諸子功臣以公賦稅重賞賜之，甚足易制。天下無異意，則安寧之術也。置諸侯不便。

——《史記・秦始皇本紀》

李斯害怕各地之「王」自立，周代封建制崩潰就是一個先例。前面曾提過，周代諸侯們是否「同宗同心」值得懷疑。「若是置王，不就又回到戰國時代」的反對論點打動了秦始皇的心，於是封諸公子為王的封建策略被擱置。

劃帝國為郡縣，各郡縣首長由中央直接統治的制度，就這樣貫徹中國全境。這套地方行政制度的內容在日後雖有若干變化，卻一直持續存在。這個比皇帝稱號更重要的決策，可以說就是在此時確定的。

然而，這很難說是在仔細斟酌領土治理問題後所下的決定。當時爭論的焦點，是對公子和功臣們的論功行賞問題。李斯的主張是「以公賦稅重賞賜之，甚足易制」（從稅金中給予獎勵就可以了）。王綰提議封諸公子為王，或許也不是擔心遠方領土的管理不易，而是在替公子們的利害發聲。郡縣制是否真能有效推行，遍及帝國的各個角落？在這個重要問題被忽略的情況下，秦的統治序幕就此拉開。

統一度量衡

決定統一實施郡縣制後，全國分成三十六個郡，各郡首長為「守」，負責軍事的是「尉」，負責監察的是「監」。根據《史記・秦始皇本紀》，在郡縣制實施後，接下來是統一度量衡、車軌寬度等一連串政策的實行。

戰國時代，度量衡因國家與地域各有不同。以重量單位為例，秦為兩銖制（一銖＝約三分之二公克，二十四銖＝一兩，十六兩＝一斤，三十斤＝一鈞），魏、趙、韓是鎰釿制（一釿＝十二公克，三十二釿＝一鎰），齊是鋝鍰制（一鍰＝八公克，十二鍰＝一鋝？）。由於度量衡不同，馬車兩輪間的距離規格也不相同。從別國來的人不能讓自己的馬車順著這個國家的車軌運行，一定非常困擾。

但如今秦統一中國，所有人都應接受秦的度量衡，掃除過去度量衡不一的障礙。秦始皇的意志也被刻在做為標準器量的升與砝碼上，頒布全國：

圖 4-2　刻有秦始皇詔書的銅製橢量
短把柄、中空的升。刻在外側的便是秦始皇二十六年的詔書。藏於國立故宮博物院。

廿六年，皇帝盡併兼天下諸侯，黔首大安，立號為皇帝，乃詔丞相狀、綰，法度量則不壹，嫌疑者，皆明壹之。

白話文：秦始皇二十六年，皇帝兼併天下諸侯，讓百姓生活和平，改稱號為「皇帝」，指示丞相隗狀與王綰：「法令與度量衡若不統一就會有問題，必須統一。」

山東與河北亦出土刻了相同文字的標準器量，可見其實施之徹底。

統一度量衡是因應實際需求而必須實施的政策。舉例來說，秦的稅制需依據耕地面積繳交一定的收成量，若各地度量衡單位不同，稅吏就得處理面積與容積的換算之苦。不難想像，統一政策能大幅提升稅吏的工作效率。

不過，統一度量衡的理由，並非完全出自財政業務與交易活動的便利上。複數度量衡並行確實容易產生混亂，但也不是非統一度量衡才能建立大一統國家。更何況，戰國時代就已對不同度量衡的換算下過一番功夫，方便跨國與跨地域的交易。例如秦的「一鈞」約七千六百八十公克，相當於鎰釿制的「二〇鎰」。「一銖×二十四＝一兩」，「一兩×十六＝一斤」，兩銖制的單位是以八的倍數來換算，僅有「鈞」不在此原則內，如「一斤×三〇＝一鈞」，顯示出這是為了與「鎰」換算而設計的新單位。既已下過如此大的功夫，即使沒有大量製造和頒發標準器量統一度量衡，應該也不會造成什麼不便。

儘管如此，秦實行統一度量衡並耗費不少人力，不只是為了滿足實際需求，而是為了其他目的，特別是發揮象徵全國統一的作用。不管過去用的是什麼單位，今後都必須使用秦的兩銖制，即便是只擁有一小塊耕地的農民，繳納田租時也必須意識到這一點。將征服者的度量衡施行到全帝國，是向社會各個角落宣告新的統治來臨。

統一的虛實

秦始皇統一文字與貨幣也出自相同的企圖，藉此象徵新統治者的存在。但這兩者與度量衡情況不同，無論是實用面還是象徵意義上，都不見很大成效。

首先是文字的統一。《史記．秦始皇本紀》裡有「書同文」的紀載，詳情雖不得而知，但根據後代史料的補充說明，當時採用李斯進言的「小篆」，廢止了其他不符的文字。確實，刻在度量衡標準器量上的詔書與後面將提到的秦始皇巡幸各地時所立石碑上的文章，皆是以「小篆」書寫。然而，文字的統一也僅限於此。

看看睡虎地秦簡與里耶秦簡，就和秦始皇推動的「書同文」有所不同。這些秦簡的字體屬於「隸書」，由小篆簡化而成。里耶秦簡包含了前二二一年之後官吏書寫的文件，基本上也是以隸書寫成。因此，即便有統一文字的命令，也非所有文章都要用小篆書寫，高階公文如皇帝詔書統一使用小篆，但地方行政的基層往來文件，則使用更簡便的隸書，私人文章應該也是如此。「統一文字」的使用範圍極為有限。而貨幣的統一情形和文字相同。

秦以自己使用的青銅方孔圓錢「半兩錢」，統一了戰國時代各地不同的金屬貨幣。不過，統一的命令是在秦始皇駕崩那年頒布，下令者極可能是秦二世而非秦始皇。隔年爆發民變，不久後秦滅亡，統一貨幣的效果可想而知。考古調查結果也證實了這一點，河北、山東和長江下游一帶，幾乎沒有秦半兩錢的出土，反而發現了各地貨幣從戰國時期被使用到漢初的痕跡。

在當時一般人的日常生活裡，使用青銅貨幣的機會原本就不多。銅錢並非唯一的交易手段，規格化的布帛也在交易中扮演實物貨幣的重要角色。無需擔心腐敗、劣化且易於保管的銅錢被貯放在各地官衙，在採購物資時使用，而銅錢可用於納稅，便會藉此再回流官方。以上是銅錢的主要流通循環。韓、魏、趙的銅錢（布錢）的鑄造處集中在與秦對峙的軍事據點，包括四川、黃河河套地區，以及黃河中游經漢水往華南一帶——也就是秦的軍事侵略路線，一路上出土了很多秦的半兩

圖 4-3　戰國時期的青銅貨幣

錢，這兩點證明了銅錢與採購軍資之間的關係。正因銅錢功能有限，秦才未在統一後的十幾年間實施貨幣統一政策。儘管使用上並無不便，但之所以決定實行貨幣統一，比起實用上的必要性，不如說是為了宣揚秦二世（胡亥）新帝登基之故。

秦的一連串統一政策，是為了擴大宣揚「帝國」出現的政治宣傳，實際上未必有理想的成效。但最後想補充的是，與政策施行不同，在其他層面上文字與貨幣確實正邁向統一。

先說文字。里耶秦簡與戰國楚簡的字體一看就知道不同。戰國時期文字在各地獨自發展，彼此之間不同是理所當然。但若仔細比較，就會發現基本文字中有不少幾乎相同，或稍有差異卻相似的文字。一般認為透過交換外交文書，各諸侯國使用的隸書逐漸變得相似。

秦的半兩錢到漢代仍被當成官方貨幣繼續使用。雖然政權交替卻未發行新貨幣，原因應是秦的半兩錢已有相當的流通量，鑄造新的貨幣會帶來社會混亂。由於半兩錢的穩定存在，後來漢朝發行新貨幣時，亦繼承其「方孔圓錢」的型式。就這樣，「中間有方形孔洞的圓形金屬片」成為中華帝國銅錢的基本造型，甚至影響了周邊國家的銅錢模樣，例如日本。擺脫時間框架，若要為秦國在中華文化的形成及其共有的大局中做定位，秦的統一政策具有至關重要的意義。

秦始皇的巡幸

讓我們將話題拉回統一後的秦始皇吧。實施郡縣制及各種統一制度，陸續推出新政策的秦始皇，自一統天下的翌年（秦始皇二十七年）起巡幸各地。以下是各年巡幸的主要訪查地點：

第一次：秦始皇二十七年（前二二〇年）。
咸陽↓隴西↓北地↓雞頭山↓回中↓咸陽

第二次：秦始皇二十八年（前二一九年）。
咸陽↓**嶧山**↓**泰山**↓成山↓**之罘**↓**琅邪山**↓彭城↓衡山↓湘山↓南郡↓咸陽

第三次：秦始皇二十九年（前二一八年）。
咸陽↓陽武↓**之罘**↓琅邪山↓上黨↓咸陽

第四次：秦始皇三十二年（前二一五年）。
咸陽**↓碣石↓**（北邊巡幸）↓上郡↓咸陽

第五次：秦始皇三十七年（前二一〇年），十月～七月。*
咸陽↓雲夢↓錢唐**↓會稽山**↓吳↓琅邪山↓之罘↓平原津↓沙丘平台（秦始皇崩）

秦始皇統一中國後的十二年間，總計有五次巡幸，皆組成車隊並有諸大臣與親衛隨行，時間較長者幾乎長達一年左右。為了皇帝的巡幸，全國還鋪設了皇帝車隊的專用車道「馳道」。在巡幸途中，秦始皇也曾遭狙擊，最後因病在旅途中喪命。這是冒著生命危險的浩大旅行。但秦始皇為何要冒著生命危險多次巡幸呢？

巡幸的目的很多。首先最明顯的，是為了視察軍事據點。第一次巡幸查訪了西部邊境，而第四次從面臨渤海灣的碣石，經北方邊境返回首都咸陽。秦與北方游牧勢力匈奴開戰，是在第四次巡幸結束之後。《史記》上記載，秦始皇巡幸途中有人獻上寫著「亡秦者胡」的預言書，秦始皇看了之後決定遠征匈奴。不過也有人認為，這不過是關係到秦二世即位的附會逸聞之一，並不可信。總而言之，第四次巡幸應是秦始皇開啟戰端前，親自視察軍事據點的行動。

接著還可以注意到，秦始皇造訪了許多山，每一座都是眾人信仰的名山，其中最著名的泰山，自古以來就是祭祀的重要場所，秦始皇在那裡「封禪」（祭祀天地的儀式）。當巡幸途中舉行祭祀時，往往會於該地豎立石碑，讚頌秦的威德。前面所列秦始皇五次巡幸的時間與地點，框出來的便是立碑之處。在名山上祭祀，是只有當地統治者才能舉行的神聖儀式，如今統治天下的只有秦始皇，在那些名山舉行祭祀的權力，當然也在秦始皇手中。在各地舉行祭祀儀式是宣誓主權的象徵行為，將此事實刻在石頭上，便能與其他偉業一同流傳千古。和統一政策相同，巡幸也具有政治宣傳的功用。

說到宣傳，秦始皇親自巡行各地，這件事本身就給人強烈的印象。「喜」的《編年記》前二二一年這一欄沒有記載，但秦始皇第二次巡幸到南郡時卻有記錄，於前二一九年寫下「皇帝途經（南郡）安陸縣」。

不久後起兵滅秦的項羽，在看到秦始皇的車隊時曾說「彼可取而代也」，劉邦則曾感嘆地表示「大丈夫當如此也」。姑且不論真偽，正因有許多百姓親眼見到秦始皇的巡幸陣容，才會產生這樣的軼事。坐在並列的華麗馬車中，在修整完善的車道上的「皇帝」威勢，一定會讓看到的人對帝國的唯一統治者留下深刻印象。

雖然巡幸確實有強大的政治宣傳效果，但秦始皇執著於巡幸的真正理由，仍難以得知。或許他是受了經書上記載聖賢遊歷四方的影響而想傚仿，也或許是嚮往東海仙人而一再前往臨海離宮。但秦始皇一定是相信，若滿足於征服六國而安穩度日，必定無法維持統一；如果不能踏出新的一步，就無法提高百姓對「皇帝」的向心力。巡幸便是其中一項新嘗試，另一項是進一步的征服戰爭。

＊ 秦採顓頊曆，以十月為歲首，九月為歲尾。

對外遠征的背景與其餘波

前二一五年，秦始皇命令將軍蒙恬率三十萬大軍攻打匈奴，隔年將匈奴斥退到北方，並建造著名的「萬里長城」。同年秦軍也往南移動，號稱五十萬的大軍越過南嶺，攻進南越（現今兩廣一帶）。據說被動員南征的是逃稅前科犯與商人們，不久後因兵力折損，又再追加徵用罪犯入伍。號稱三十、五十萬的遠征軍，這些數字的可信度很低。從超乎常規的籌措兵力方式看來，這些遠征軍事行動已大幅超越秦國正規軍隊所能支持的規模。即便如此仍要遠征的原因，和一再巡幸的理由相同，都是為了彰顯皇帝的偉大。

征服六國創造「和平」，統一文字度量衡，制定應該遵守的律法等等，都是秦始皇了不起的功業，在大臣的奏摺與巡幸的石刻銘文中被反覆稱頌。秦始皇第二次巡幸途中於琅邪山立下的石碑，刻著如下的讚辭：

> 六合之內，皇帝之土。西涉流沙，南盡北戶。東有東海，北過大夏。人跡所至，無不臣者。功蓋五帝，澤及牛馬。莫不受德，各安其宇。
>
> ——《史記．秦始皇本紀》

所謂的「流沙」是指中國西方沙漠地帶，「北戶」是指遙遠南方，太陽行經其北方天空的國度。*在此，秦國領土超越了實際疆域，擴展至時人觀念中的「全世界」。這當然只是誇大皇帝權威的修辭。但這類誇示的存在，正好證明「皇帝」與「王」是不同層次的統治者；從中可見，廣大領土是決定「皇帝」與「王」不同的重要因素。廣大領土不僅僅是修辭誇飾，在現實中是進一步鞏固皇帝地位的條件。從旁觀者眼中看來堪稱魯莽的對外遠征，在秦始皇的眼中卻是不可或缺的必要之舉。

秦的社會因對外遠征而嚴重疲弊。北方匈奴勢力雖然退後，但對以游牧為生的匈奴來說，並不意味著完全撤退，只要一有機會，他們就會迅速回來。秦在北方築長城，讓蒙恬的大軍駐守於此，將罪犯移住到新的占領區，就是為了防止匈奴再犯。在南方，由於敵人的游擊戰術，包括指揮官在內有數十萬秦軍陣亡，為支援戰事而繳稅服役的後方百姓，日子也過得非常辛苦。前二〇九年，徵調前往防守長城的一名士兵率領少數兵卒發動叛亂，亂事擴及全國，讓秦無計可施。秦的正規軍在遙遠的北方，而秦二世又在即位時處死了蒙恬，軍隊也因此混亂。

若回顧秦滅六國後的政策會發現，比起實際上能穩固統一局勢的措施，吹捧皇帝豐功偉業與收買人心的企圖更加引人注目。缺少實質的「統一」，帝國便有隨時瓦解的疑慮。對秦而言，帝國崩解的契機就是魯莽的對外遠征。

「穩固統一局勢」這句話說起來容易，做起來卻不簡單。最重要的是人手與時間。安排官吏與

＊北戶意指北向戶，當地住宅北向開門，讓陽光得以照射進屋。若以現代角度來看，該地應屬北回歸線以南。

士兵、提供土地、評估各地實際情況同時徵稅、保障治安，還要制裁擾亂秩序的犯罪者，必須派兵平定叛亂。也就是說，「歸順秦帝國就能獲得利益，脫離秦帝國就會受到損失」；若這點能成為無庸置疑的事實，統一便更具實質意義。然而秦並沒有足以建立那樣體制的時間。

雖說如此，在短期之內，秦仍在新占領地實施郡縣制，並配置人員維持運作。他們能做些什麼？又不能做些什麼？最後將以出土史料為基礎分別介紹。

郡縣制的實際情況——遷陵縣的例子

如前所述，秦代的遷陵縣有五十三名執勤官吏，還有超過六百名駐守士兵，以及三到四百名左右的刑徒在此服役。這樣的官吏人數和漢代一般的縣相較並不遜色，甚至和較大的縣並駕齊驅。六百名的駐守士兵，在人數上也比從前推測的縣常備軍規模大。士兵們除了維持治安，也要做衙門的雜役工作，並耕種官有耕地。至於刑徒，管理人員要詳細記錄他們每天的工作內容，除了農作之外，還有照顧家畜、手工業勞動，甚至捕鳥與配送文書等種種雜役。

另外，遷陵縣所掌握的普通居民人數少得驚人。縣以下設有「鄉」這個行政單位，而遷陵縣下面只有三個鄉，各鄉掌握的戶數在前二一九到前二一四年之間是一五五戶到一九一戶。一戶五口雖是漢代標準，但若按此標準計算，整個遷陵縣人口最多僅千人左右，與官吏、士兵和刑徒的加總數差不多。

即便位置偏僻，還是很難想像生活在遷陵縣內的百姓總數只有一千人，這應該只是實際居民的一小部分。遷陵縣的三個鄉都在酉水沿岸，酉水這條河經沅水注入洞庭湖，通往長江。在這個山巒連綿之處，河川是主要的交通要道，秦軍沿著酉水進攻，在主要聚落設置統治據點，這些據點又被編入郡縣制下的縣與鄉。遷陵縣被掌握的戶口，是生活在河流沿岸據點、周邊面積不多的平地上的部分人們，一般認為這些人應是後來才移居此地。他們的耕地面積被官方所記錄，並依面積大小需承擔納稅義務。

然而，其他居住在山裡的人們，並沒有被納入這個統治網。根據里耶秦簡的記述，當地百姓每年更換耕地，並焚地種植作物：

……黔首習俗好本事不好末作，其習俗槎田歲更，以異中縣。……

——里耶秦簡⑧三五五

白話文：

……當地的習俗是崇尚農業，不喜商工。人們在這樣的習俗下焚地耕作，每年更換耕地，不同於關中的縣。……

中國西南到東南部的廣大丘陵地帶，長期實行刀耕火耨的耕作方式，一邊遷移一邊砍伐林地焚燒播種，以草木灰的養分促進植物生長。生活在遷陵縣的大部分百姓都在山間游耕，焚地耕作以維持生計。

要透過戶口登錄來掌控游耕百姓的住所與家族成員數，並不是件容易的事。即使順利登錄戶口，也會因每年耕作的面積不定，很難比照定居農民的租稅方式來向他們收稅。生活在中國南方山區的人們過著自成聚落的小集團生活，與其透過戶籍管理各個家戶，還不如掌控小集團的領導人物，讓他們繳納定額稅賦，這樣似乎更為合理。郡縣制在關中平原的秦國本土能發揮機能，但在生計與社會結構迥異的地方卻發揮不了作用。靠著士兵與刑徒的力量，遷陵縣的官員雖然能勉強維持酉水沿岸的幾個據點，但其管理卻無法深入山區。在他們的勢力延展到山區之前，秦帝國已然面臨瓦解的命運。

不過，這是在帝國邊區的例子。在華北旱作區及長江流域稻作區的新領土，情況又相當不同。在那裡有不少六國遺民被任命下級官吏，中央政府派往赴任的高級官吏卻屈指可數。由地方名士擔任官吏維持行政工作，可協助秦國使統治更加順利。儘管如此，各地仍或多或少存在著無法適用於郡縣制統一方針的情形；僅依賴來自中央的指示，是無法因地制宜處理的。如何有效統治遙遠領地的問題，到了漢朝依舊存在。

5 「統一」的前途

漢的統一與郡國制

在秦末戰亂中勝出，再次統一中國的是漢高祖劉邦（西漢：西元前二〇二～西元八年）。劉邦成為皇帝的過程，與秦始皇大不相同：

> 於是諸侯上疏曰：「楚王韓信、韓王信、淮南王英布、梁王彭越、故衡山王吳芮、趙王張敖、燕王臧荼昧死再拜言，大王陛下：先時秦為亡道，天下誅之。大王先得秦王，定關中，於天下功最多。存亡定危，救敗繼絕，以安萬民，功盛德厚。又加惠於諸侯王有功者，使得立社稷。地分已定，而位號比儗，亡上下之分，大王功德之著，於後世不宣。昧死再拜上皇帝尊號。」
>
> ——《漢書・高帝紀》

相對於消滅六國後稱帝的秦始皇，劉邦是在已經得到「王」地位的功臣擁戴下成為「皇帝」。劉邦的勝利大部分來自諸侯將相的幫助，他能夠坐在皇帝的寶座上，只因為他是諸侯將相的領導者。漢初時皇帝直轄區域只有帝國的西半部，也就是戰國時的秦地；帝國東半部也就是舊六國之地，則分封功臣為「王」，大行封建，這反映出劉邦與諸侯將相的權力關係。此即為郡縣與封建的折衷體制，稱為「郡國制」。郡國制是劉邦反省當時秦強硬推行郡縣制失敗後所採用的制度。而從前面的敘述看來，劉邦除了郡國制外也沒有其他選擇。

坐上皇帝寶座的劉邦，在去世前的七年裡改變態度，開始削藩。有諸侯王被密告謀反，領地遭沒收後身亡；也有諸侯王因感覺自己有危險而舉兵叛亂，結果遭高祖殲滅。就這樣，之前引文上疏中的那些諸王，幾乎都被消滅了。

但高祖收回諸侯王領地後，並未選擇直轄統治，而是改封同姓諸侯為王以取代功臣，治理那些領土。可見高祖的擔憂在於身經百戰的諸侯王權力過大，而不是否定將帝國東半部委任諸侯王統治。高祖認為要治理遠方的領土，就應允許各地自由裁量，故在肅清功臣後依舊維持封建制。

為了不造成誤解，在此必須說明，允許各地自由裁量，並非將所有權力下放諸王。諸王國有遵守「漢法」的義務，聽命於諸侯王的官僚們的最高官職是宰相，但宰相由中央任命。而面積遼闊的王國由數個郡組成，郡之下當然也設了縣。因此可以說，漢朝初年全國亦實施郡縣制。但與秦代不同的是，遠地的郡受諸侯王管理，並允許諸侯王在各王國中有一定程度的自由裁量權。

這樣的制度被認為能靈活因應各地的問題，並機動處理突發狀況，例如減輕減輕徭役便是史書上清楚載明的優點。居住在直轄郡縣的百姓每遇要事就必須前往首都長安，但諸侯國百姓不須如此，人民也感到喜悅。

當然，就如同李斯所擔心的，諸侯王有背叛並脫離帝國的風險。然而漢初被封於邊境的諸侯王，最後卻拯救了帝國。高祖死後呂后掌握實權，任意廢立皇帝、擅立外戚為王，極盡專橫。在呂后死後，肅清呂氏黨羽收拾亂象，並擁立文帝（前一八〇～前一五七年在位）即位的，便是分封各地的劉氏諸侯王。支撐漢帝國統治的不僅是官僚，還包括皇室成員。從這個意義上來說，封建諸王是一種自然的選擇。

走向直轄統治

然而不久之後，李斯擔心的事還是發生了。皇帝與諸侯王之間產生嫌隙，後來演變成武力衝突。如此趨勢自漢文帝時代起便可見端倪。文帝時臣子賈誼列出帝國面臨的課題，其中諸侯王權力與皇帝並駕齊驅最為要緊，他建議分割諸王封地以削弱其勢力。

到了景帝（前一五七～前一四一年在位）時期，分割領土的策略進一步轉為削減領土，對此強烈不滿的諸侯王終於聯合舉兵，於前一五四年爆發被稱為「七國之亂」的內戰。參與叛亂的七國自山東到長江下游，其中吳與楚都是擁有數個郡的大國。一時間勝負難定，但景帝軍隊快速進軍，壓制了叛軍，最後取得勝利。

漢代以七國之亂為界，將諸王封國納入中央直轄。許多大王國被降為較小的侯國，好不容易活下來的諸侯王也喪失實權，包括王國的官僚組織大幅縮減，任免官僚的權力也收歸中央。諸侯王成為只靠領地獲取租稅來滿足衣食的單純寄食者。

話雖如此，如果僅是在全國施行郡縣制，中央集權仍不算完成，這與秦始皇面臨的狀況相同。

要如何調度官僚派遣各地？又要如何維持這些官吏的治理「品質」？還有，要如何適當重新分配各地租稅——也就是確保穩定統治的財政，也是個頭痛的問題。

不過，漢帝國有充裕的時間準備，因應各種問題逐步擬出對策，來解決懸而未決的難題。原本王國就不是各自為政，而是遵循漢代法令，按照郡縣制架構來整頓統治組織。廢除王國後，短期內只要繼續沿用其組織與人員即可，不過人事任用權收歸中央，未來就必須由中央提供治理人才。前一四二年，成為官員的財產資格限制從十萬錢降為四萬錢，應也是為了確保人才資源的作法之一。

官員錄用制度在景帝之後的武帝（前一四一～前八七年在位）時期有了近一步發展。前一三四年開始採行由地方每年推薦人才候選的制度，其中推薦人是地方首長（郡守），被推薦人是所屬的下級官吏與當地知識分子。如前面所提到的，地方高層官員來自中央任命，但下級官吏是由郡守挑選當地賢能者任用。因此能成為被推薦者的，皆為當地名望之士。曾經的被征服者子孫，就這樣成為中央高級官員，肩負起治理帝國的部分責任。

另一方面，為了監視地方官員是否有不當或怠惰行為以保障治理品質，監察制度亦有所補強。前一四五年與前一四三年皇帝下令，對於有疑慮的判決與難以接受的判決，必須立即呈報上級機關。景帝會連續發出此詔，與在位期間遠方領地收歸中央直轄的局勢有所關聯。

財稅運輸體系則完成於武帝時期。前一一〇年起正式實施的均輸法跟平準法，是在官方主導下，控制地方稅收的運送與必要物資的調度。這種中央集權的運輸制度，基礎設施運河的開鑿也早已實行。如此一來便能自帝國東部調度大量的穀物。國力殷實的武帝也因此決心出兵遠征匈奴，並於前一二九年獲勝，是自秦始皇以來的再次得勝。

從秦始皇統一六國到這一年為止，時間大約經過了一世紀。這一百年左右的期間大致可分為四個時代，分別是統一大業的失敗與混亂的時代（秦統一～漢高祖即位）、恢復和平的時代（～文帝時期）、邁向實質統一的準備期（～七國之亂），以及實現統一的時代（～武帝的勝利）。把準備期也包含在內的話，漢朝花了五十年的時間來實現統一大業，而秦始皇卻要在短時間內完成，失敗也是理所當然。不過換個角度來看，可以說漢朝耗費五十年的時間，終於實現秦始皇一直以來的願望。前二二一年開始，秦的短暫統一顯示了日後中華帝國應有的形態，就這一點而言，秦的統一確實可說是歷史的轉捩點。

漢帝國之後

雖然最後都在分析漢代制度，然而無論制度如何完善，若被統治的一方無法接受，統治便很難順利進行。是什麼力量從國家內部支持帝國的統治秩序？在本章的最後，我們來檢視一下當時人們的國家觀與庶民對漢帝國統治的看法。

首先是儒家思想，及其所提倡的倫理約束力。漢武帝時獨尊的儒家思想，對統治者來說是非常理想的思想。儒家重視因身分而形成的上下尊卑關係，要求各階層的言行舉止都得符合其身分地位。上位者當然也須合乎身分地位，但這樣的要求常常有名無實。自漢代以降臣服於皇帝的儒者們則身為官僚，成為理論上支持專制國家的存在。

儒家思想中不得不提的，是其強調「華夷之別」。有人認為武帝之所以重視儒家思想，是利用儒者絕不服從「夷狄」的主張，做為正當化對外用兵的後盾。在漢代當時暴露於北方游牧民族威脅的情勢下，可恨的「夷」就是匈奴；而應該守護的「華」，除了漢帝國外別無其他。儒家倫理思想的浸透，提高了人們對漢帝國的向心力，雖然彼此間存在種種差異，卻共享了自己是「漢人」的意識。

漢人團結的中心，就是統治者——漢的皇帝。儘管沒有秦始皇那樣的政治宣傳，漢代皇帝的權威也一目瞭然。即使是庶民，也有不少機會能感受到皇帝近在身邊。例如皇帝賜予爵位時。秦始皇亦曾有一次大規模賜予臣民爵位，但漢代皇帝經常在喜慶時節大舉賜爵。最會賜予爵位給臣民的皇帝是景帝，在位十五年間共舉行了八次。在帝國直轄化的過程中，皇帝靠著賜予爵位的手段，來確保眾人的向心力。

令庶民頭痛的勞役徵調，就某種意義而言也是體驗皇帝威嚴的機會。如前所述，直轄郡縣的居民往往被徵調到需要龐大勞動力的首都附近服傜役。還有對戰匈奴得勝後，士兵也會被派到新占領地的最前線。從漢帝國的西北邊境出土的西漢後期木簡史料（肩水金關漢簡），可看到超過二千名士兵通過關口的紀錄。那些士兵來自關口前的軍事據點，應該是任期結束要返鄉的士兵。該地區的一般士兵並非來自鄰近的郡，而是全部徵調自帝國東半部。若以服役期間一年計算，從武帝占領西北至西漢滅亡的百年間，總計約有二十萬人從遙遠的東方來到西方邊界的這個據點。若將範圍擴大到被稱為「河西四郡」（今甘肅省一帶）的整個西北邊境，人數大該會是這個數字的好幾倍。在首都仰望過壯麗宮殿，或走過帝國遼闊領土的人們，會將親身體驗帶回故鄉分享，並從中孕育對漢代帝王的敬畏之心。

西元八年，漢朝因王莽篡位一時中斷。不過劉氏很快就奪回皇帝寶座，並繼續統治中國到西元二〇〇年左右（東漢：二五～二二〇年）。根據劉氏王朝中斷前（二年）的統計，當時漢帝國的戶數是一二二三萬三〇六二戶，人口約達六千萬人。順帶一提，當時遷陵縣所在的武陵郡有三四一七七戶，郡內各縣平均約有二千六百戶。與秦代時的戶數相較增加了十倍以上。漢朝的統治網確實已經擴大並穩定了。

然而再仔細觀察就會發現，我們不能如此輕率地斷定帝國的安穩。帝國仍存在著巨大的貧富差距與外族入侵問題。貧富差距在武帝時期就已受到矚目，富人兼併土地成為大地主，而窮人則淪為富人的奴僕，地方社會被大地主、也就是豪族們左右，慢慢走向分立的局面。而外族入侵是指西羌族叛亂，及其所引發的重大問題。曾經的對手匈奴因內鬥而分成南北兩部，南匈奴臣服於漢，遷入長城以南。從這一點來看，漢在與匈奴的鬥爭中贏得了勝利，但中國境內也因此存在著外族。懷著如此這般的動盪預兆，中國走向了下一個轉換期。

◆ COLUMN ◆

匈奴

馬的家畜化始自西元前四〇〇〇年左右，人們大約也是從這個時代開始騎在馬背上。前三五〇〇年左右，美索不達米亞發明了車輛。這項發明傳播到草原地帶，由車輛載運家當移動，形成騎馬驅趕羊群的游牧生活形態，並在前一〇〇〇年前後普及。在這個時期，騎射技術已經誕生，史料中也出現了擁有強大軍事力量的騎馬游牧民族。最早的例子是希羅多德《歷史》中的「斯基泰人」(Scythians)，他們生活在黑海北方，前六世紀末被波斯帝國大流士一世攻擊，後來善用機動力與騎射戰術，將敵人擊退。根據希羅多德的記述，斯基泰人是從事各種行業、各種居住型態的人，也就是說「斯基泰人」並不是族群名，而是以游牧民為中心的多元團體所組成的集合體——游牧國家——的稱呼。

中國北方自古以來就有游牧民族，到了前四世紀後期，游牧民在軍事上的存在感逐漸明顯。無庸置疑，這與騎射戰術的吸納與發展有關。前三〇七年，戰國七雄之一趙國也引進騎射戰術。翌年即位的秦昭襄王更為了防禦北方民族而興建長城，可見來自北方民族的威脅升高。不久後，完成統一大業的秦始皇便出兵匈奴，並以戰國時期各國修築的長城為基礎，修建萬里長城。這時位在匈奴東邊的東胡與西邊的月氏勢力都很強大，匈奴不過是諸多勢力之一，並無擊退秦軍的力量。但秦在不久後滅亡，匈奴得以收復失地。冒頓單于也於此時出現。

前二〇九年，秦始皇駕崩的前一年，冒頓成為單于（匈奴王的稱謂）。冒頓首先攻打並滅東胡，接著併吞了月氏與南方諸勢力，收復被秦奪去的領土。此時中原正處於秦末漢初的戰亂中，冒頓趁機伸展勢力，蓄養了三十萬餘名士兵。不久後中國再度統一，漢高祖率領大軍與匈奴對峙，但以步兵為主的漢軍不是匈奴騎兵的對手，漢軍大敗。好不容易逃出匈奴包圍的高祖與冒頓單于達成和親協議，此後漢朝贈送匈奴貢品，以保境內和平。當時歐亞大陸東側最強的勢力，無疑就是匈奴。

匈奴人有突厥系亦有蒙古系之說，但冒頓所率領的「匈奴」吸收了東胡、月氏等諸勢力，應與「斯基泰人」同樣是一個游牧國家的稱呼。根據《史記．匈奴列傳》，匈奴領土劃為左（東）、右（西）、中三個部分，單于位於中央，左右各分別設立賢王、谷蠡王、大將、大都尉、大當戶、骨都侯，各自擁有領地。賢王以下是「萬騎」，萬騎的手下是千長、百長、什長，可看出他們是以十進位法形成的軍事和社會組織。

在漢武帝反攻之後，由於內亂與天災，匈奴失去昔日的強大而逐漸式微。但其十進法的社會組織與左、右、中三分制，被後來的游牧國家、尤其是以蒙古高原為據點的鮮卑與蒙古帝國所繼承。在中原地區，皇帝直接統治與郡縣制的中華帝國基本型態逐漸形成之際，北方游牧國家的基本型態也同時誕生。

圖2-8	Olaf Tausch（CC BY 3.0）
圖2-9	公眾領域
圖3-1	南川高志提供
圖3-2	南川高志提供
圖3-3	南川高志提供
圖3-4	南川高志提供
圖3-5	Thodorisv（CC BY-SA 4.0）
圖3-6	南川高志提供
圖4-1	陳偉主編；武漢大學簡帛研究中心，湖北省博物館，湖北省文物考古研究所，《秦簡牘合集〔壹〕》(武漢大學出版社，2014），第650頁。
圖4-2	國立故宮博物院
圖4-3	Zhou Yi（CC BY-SA 3.0）

圖片來源

圖0-1	南川高志提供
圖1-1	宮嵜麻子提供
圖1-2	公眾領域
圖1-3	宮嵜麻子提供
圖1-4	宮嵜麻子提供
圖1-5	宮嵜麻子提供
圖1-6	宮嵜麻子提供
圖1-7	宮嵜麻子提供
圖1-8	宮嵜麻子提供
圖2-1	方賀京子提供
圖2-2	公眾領域
圖2-3	公眾領域
圖2-4	MIHO MUSEUM
圖2-5	Olga Palagia
圖2-6	公眾領域
圖2-7	brindisiweb.it

宮崎市定『宮崎市定全集3　古代』岩波書店 1991年
宮本一夫『神話から歴史へ』（中国の歴史01）講談社 2005年
籾山明『秦の始皇帝　多元世界の統一者』白帝社 1994年
吉本道雅『中国先秦史の研究』京都大学学術出版会 2005年
渡邉英幸『古代〈中華〉観念の形成』岩波書店 2010年
司馬遷（小竹文夫・小竹武夫訳）『史記 1〜8』(ちくま学芸文庫)筑摩書房 1995年
韓非（金谷治訳注）『韓非子 1〜4』(岩波文庫)岩波書店 1994年
荀況（金谷治訳注）『荀子 上・下』(岩波文庫)岩波書店 1961年
高橋庸一郎『睡虎地秦簡『編年記』『語書』釈文註解』朋友書店 2004年
松崎つね子『睡虎地秦簡』(中国古典新書続編24)明徳出版社 2000年
孟軻（小林勝人訳注）『孟子 上・下』（岩波文庫）岩波書店 1968 年
Hulsewé（何四維）, A.F.P., *Remnants of Ch'in Law*, Leiden, 1985.
Lau. U.. Staack, T., *Legal Practice in the Formative Stages of the Chinese Empire: An Annotated Translation of the Exemplary Qin Criminal Cases from the Yuelu Academy Collection*, Leiden/Boston. 2016.
Sanft, C., *Communication and Cooperation in Early Imperial China*, New York, 2014.

Galsterer, H., *Studien zur antiken Sozialgeschichte*, Koln, 1980.
Fear, A.T., *Rome and Baetica: Urbanization in Southern Spain c. 50 BC-AD 150*, Oxford, 1996. 渡邉麻衣子の書評(『史論』57 2004年)も参照。
Haverfield, F.J., *Romanization of Roman Britain*, Oxford, 2nd. ed., 1912.
Hingley, R., *Roman Officers and English Gentlemen: The Imperial Origins of Roman Archaeology*, London, 2000.
Millett, M., *The Romanization of Britain: An Essay in Archaeological Interpretation*, Cambridge, 1990.
Mommsen, *Th., Römische Geschichte Bd.5, Die Provinzen von Caesar bis Diocletian*, Leipzig, 1885.

第四章　「中華帝國」的誕生

江村治樹『春秋戦国時代青銅貨幣の生成と展開』汲古書院 2011年
小沢正人・西江清高・谷豊信『中国の考古学』（世界の考古学7）同成社1999年
大櫛敦弘「統一前夜——戦国後期の「国際」秩序」『名古屋大学洋史研究報告』19 1995年
岡村秀典『中国文明——農業と礼制の考古学』京都大学出版会 2008年
川又正智『ウマ駆ける古代アジア』（講談社選書メチエ11）講談社 1994年
工藤元男『睡虎地秦簡よりみた秦代の国家と社会』創文社 1998年
佐原康夫『漢代都市機構の研究』汲古書院 2002年
杉村伸二「景帝中五年王国改革と国制再編」『古代文化』56-10 2004年
鶴間和幸『秦帝國の形成と地域』汲古書院 2013年
富谷至・森田憲司編『概説 中国史』（上）昭和堂 2006年
西嶋定生『秦漢帝国　中国古代帝国の興亡』（講談社学術文庫）講談社 1997年
林巳奈夫「戦国時代の重量単位」『史林』51-2 1969年
宮宅潔「秦代遷陵県志初稿——里耶秦簡より見た秦の占領支配と駐屯軍」『東洋史研究』75-1 2016年

比佐篤『「帝国」としての中期共和政ローマ』晃洋書房 2006年
増永理考「ローマ元首政期小アジアにおける見世物と都市――アフロディシアスの事例を中心として」『史林』98-2 2015年
南川高志「ローマ帝国とギリシア文化」藤縄謙三編『ギリシア文化の遺産』南窓社 1993年
南川高志『ローマ皇帝とその時代――元首政期ローマ帝国政治史の研究』創文社 1995年
南川高志『ローマ五賢帝「輝ける世紀」の虚像と実像』講談社 1998年
南川高志『海のかなたのローマ帝国――古代ローマとブリテン島』（増補新版）岩波書店 2015年
南川高志『新・ローマ帝国衰亡史』岩波書店 2013年
宮嵜麻子『ローマ帝国の食糧供給と政治――共和政から帝政へ』九州大学出版会 2011年
本村淩二「属州バエティカの都市化と土着民集落」『西洋古典学研究』30 1982年
弓削達『地中海世界とローマ帝国』岩波書店 1977年
吉村忠典編『ローマ人の戦争』講談社 1985年
吉村忠典『古代ローマ帝国の研究』岩波書店 2003年
吉村忠典『古代ローマ世界を旅する』刀水書房 2009年
ケリー・クリストファー（藤井崇訳）『ローマ帝国』岩波書店 2012年
タキトゥス（國原吉之助訳）『アグリコラ』（ちくま学芸文庫）筑摩書房 1996年
タキトゥス（國原吉之助訳）『年代記』(岩波文庫)岩波書店 1981年
サルウェイ・ピーター(南川高志訳)『古代のイギリス』岩波書店 2005年
サルウェイ・ピーター編(南川高志監訳 南川高志・佐野光宜・冨井眞・西村昌洋・南雲泰輔訳)『ローマ帝国時代のブリテン島』（オックスフォード・ブリテン諸島の歴史　第1巻）慶応義塾大学出版会 2011年
ロストフツェフ,ミハイル（坂口明訳）『ローマ帝国社会経済史』東洋経済新報社 2001年
Birley, A.R, Senator from Britain? *Tituli* 5, 1982.
Devreker, J,, La composition du sénat romain sous les Flaviens in: Eck, W. &

Gruen, E.S., *The Hellenistic World and the Coming of Rome*, 2 vols, Berkeley, 1984.
Ma, J., *Antiochos III and the Cities of Western Asia Minor, Paperback ed.*, Oxford, 2002.
Mairs, R, *The Hellenistic Far East: Archaeology, Language, and Identity in Greek Central Asia*, Oakland/California 2014.
Millar, F., *The Emperor in the Roman World (31 BC-AD 337), 2nd ed.*, London, 1992.
Scholz, P., *Der Hellenismus: Der Hof und die Welt*, München, 2015.
Smith, R.R.R, *Hellenistic Royal Portraits*, Oxford, 1988.
Thonemann, P., *The Hellenistic World: Using Coins as Sources*, Cambridge, 2015.
Thonemann, P., *The Hellenistic Age*, Oxford, 2016.

第三章　成為帝國之民，生活於帝國

桑山由文「アウグスタ=エメリタの創建とその影響——アウグストゥス帝期のイベリア半島南部」『西洋古代史研究』17 2017年
後藤篤子「ローマ属州ガリア」柴田三千雄・樺山紘一・福井憲彦編『世界歴史大系　フランス史1』山川出版社 1995年
阪本浩「古代のイベリア半島」関哲行・立石博高・中塚次郎編『世界歴史大系　スペイン史1』山川出版社 2008年
佐野光宜「帝政前期ヒスパニアにおける剣闘士競技——属州バエティカの事例を中心に」『西洋古典学研究』58 2010年
志内一興「ローマ支配下ヒスパニアの都市法典」『地中海学研究』25 2002年
島田誠『古代ローマの市民社会』（世界史リブレット3）山川出版社 1997年
島田誠『コロッセウムからよむローマ帝国』講談社 1999年
新保良明「古代ローマの帝国官僚と行政』ミネルヴァ書房2
高島秀「地中海世界のローマ化と都市化」『岩波講座世界歴史2』岩波書店 1969年
長谷川岳男「ローマ帝国主義研究」『軍事史学』37-1 2001年
長谷川岳男・樋脇博敏『古代ローマを知る事典』東京堂出版 2004年

加藤九祚『シルクロードの古代都市——アムダリヤ遺跡の旅』岩波書店 2013年
九州国立博物館ほか編『黄金のアフガニスタン——守りぬかれたシルクロードの秘宝』産経新聞社 2016年
杉村棟監修『MIHO MUSEUM 南館図録』MIHO MUSEUM 1997年
周藤芳幸『ナイル世界のヘレニズム——エジプトとギリシアの遭遇』名古屋大学出版会 2014年
芳賀京子監修『特別展古代ギリシャ——時空を超えた旅』朝日新聞社ほか 2016年
芳賀京子・芳賀満『西洋美術の歴史1　古代』中央公論新社 2017年
波部雄一郎『プトレマイオス王国と東地中海世界——ヘレニズム王権とディオニュシズム』関西学院大学出版会 2014年
比佐篤『「帝国」としての中期共和政ローマ』晃洋書房 2006年
秀村欣二・伊藤貞夫『世界の歴史2——ギリシアとヘレニズム』講談社 1976年
森谷公俊『アレクサンドロスの征服と神話』講談社 2016年
吉村忠典『支配の天才ローマ人』三省堂 1981年
吉村忠典『古代ローマ帝国の研究』岩波書店 2003年
ウォールバンク・F.W.（小河陽訳）『ヘレニズム世界』教文館 1998年
ケリー・クリストファー（藤井崇訳）『ローマ帝国』岩波書店 2010年
シャムー・フランソワ（桐村泰次訳）『ヘレニズム文明』論創社 2011年
Bechert, T., *Kreta in römischer Zeit,* Darmstadt/Mainz, 2011.
Chaniotis, A., *Das antike Kreta*, München, 2004.
Chaniotis, A., *War in the Hellenistic World: A Social and Cultural History*, Oxford, 2005.
Chaniotis, A., *Age of Conquests: The Greek World from Alexander to Hadrian,* Cambridge/Massachusetts, 2018.
Daehner, J.M., & Lapatin, K., ed., *Power and Pathos: Bronze Sculpture of the Hellenistic World*, Los Angeles, 2015.
Dmitriev, S., *The Greek Slogan of Freedom and Early Roman Politics in Greece*, Oxford, 2011.
Errington, R.M,, *A History of the Hellenistic World 323-30 BC*, Oxford, 2008.
Erskine, A, ed., *A Companion to the Hellenistic World, Paperback ed.*, Oxford, 2005.

アマダジ=グッゾ・マリア=ジュリア(石川勝二訳)「カルタゴの歴史——地中海の覇権をめぐる戦い」(白水社文庫クセジュ)白水社 2009年

Astin, *AE., Scipio Aemilianus*, Oxford, 1967.

Astin, *AE., Cato the Censor*, Oxford, 1978.

Curchin, L., *Roman Spain: Conquest and Administration*, London, 1991.

Curchin, L., *The Romanization of Central Spain: Complexity, Diversity and Change in a Provincial Hinterland,* Oxford, 2004.

Dobson, M., *The Army of the Roman Republic: The second Century BC, Polybios and the Camps at Numantia, Spain*, Oxford, 2008.

Edmondson, J.C., Romanization and Urban Development in Lusitania, Blagg, Th. & Millet, M., (eds.) *The Early Roman Empire in the West*, Oxford, 1990

Galán, M. B. (ed.), *Los Escipiones: Roma conqista Hispania*, Madrid, 2016.

Hoyos, D., *The Carthaginians*, Oxford, 2010.

Hoyos, D. (ed.), *A Companion to the Punic Wars*, Chichester, 2015.

Fear A. T., *Rome and Baetica: Urbanization in Southern Spain c.50 BC-AD 150*, Oxford, 1996.

Harris, W. V., *War and Imperiarism in Republican Rome 327-70 B. C.,* Oxford, 1979.

Keay, S., Processes in the Development of the Coastal Communities of Hispania Citerior in the Republican Period, Blagg, Th. & Millet, M., (eds.) *The Early Roman Empire in the West*, Oxford, 1990

Richardson, J.S., *Hispaniae: Spain and the Development of Roman Imperialism 218-82 BC.*, Cambridge, 1986.

Schulten, A., *Geschichte von Numantia*, München, 1933 (reprinted edition, New York, 1975)

第二章　即將滅亡的希臘化世界

大戸千之『ヘレニズムとオリエント——歴史のなかの文化変容』ミネルヴ書房 1993年

主要參考文獻

總論

大戸千之「歴史と事実――ポストモダンの歴史学批判をこえて」京都大学学術出版会 2012年
長谷川岳男「ローマ帝国主義研究」『軍事史学』37-1 2001年
藤縄謙三『歴史学の起源――ギリシア人と歴史』力富書房 1983年
南川高志『海のかなたのローマ帝国――古代ローマとブリテン島」(増補新版) 岩波書店 2015年
山内昌之・増田一夫・村田雄二郎編『帝国とは何か』岩波書店 1997年
山本有造編『帝国の研究原理・類型・関係』名古屋大学出版会 2003年
吉村忠典『支配の天才ローマ人』三省堂 1981年
吉村忠典編『ローマ人の戦争』講談社 1985年
吉村忠典『古代ローマ帝国の研究』岩波書店 2003年
ハウ・スティーヴン(見市雅俊訳)『帝国』岩波書店 2003年
ポリュビオス(城江良和訳)『歴史1～4』京都大学学術出版会 2004～2013年

第一章　變化中的地中海

栗田伸子・佐藤育子『通商国家カルタゴ』(興亡の世界史第3巻)講談社 2009年
阪本浩「古代のイベリア半島」関哲行・立石博高・中塚次郎編『世界歴史大系 スペイン史1』山川出版社 2008年
長谷川博隆『ハンニバル――地中海世界の覇権をかけて』(講談社学術文庫) 講談社 2005年
長谷川博隆『カエサル』(講談社学術文庫)講談社 1994年
丸亀裕司『公職選挙にみるローマ帝政の成立』山川出版社 2017年

作者

宮嵜麻子

淑德大學國際傳播學部前教授。1982年生，專長為古羅馬史。
專長為西方中世紀史。

主要著作：

《古羅馬帝國的糧食供給與政治——從共和制到皇帝制》（九州大學出版會，2011）

藤井崇

關西學院大學文學部副教授。1978年生，德國海德堡大學哲學系古代史、銘文學院博士課程修畢，哲學博士。專長為希臘化時代史、羅馬史、希臘文銘文學。

主要著作、論文：

Imperial Cult and Imperial Representation in Roman Cyprus (Stuttgart, 2013)

A New Fragment Of Diocletian's Currency Regulation from Aphrodisias, *Journal of Roman Studies* 105 (2015, with Angelos Chaniotis)

《皇帝崇拜與聖域——以羅馬帝國東部行省為中心》（勉誠出版，2017）

宮宅潔

京都大學人文科學研究所副教授。1969年生，京都大學文學博士。專長為中國古代史。

主要著作：

《中國古代刑制史研究》（京都大學學術出版會，2011）

《中國古代軍事制度綜合研究》（編著）（科研會報告，2013）

《多民族社會的軍事統治：出土史料中的古代中國》（編著）（京都大學學術出版會，2018）

作者簡介

叢書監修

木村靖二
東京大學名譽教授。專長為西洋近現代史，德國史。

岸本美緒
御茶水女子大學教授。專長為明清社會經濟史。

小松久男
東京大學名譽教授。專長為中亞史。

編者

南川高志
京都大學大學院文學研究科教授。1955年生，專長為古羅馬史。

主要著作：
《羅馬皇帝及其時代——元首制時期羅馬帝國政治史研究》（創文社，1995）
《羅馬五賢帝——「光輝世紀」的虛像與實像》（講談社現代新書系列，1998；同學術文庫，2014）
《大海彼端的羅馬帝國——古羅馬與不列顛島》（岩波書店，2003）
《新．羅馬帝國衰亡史》（岩波書店，2013）
《脫軌的羅馬皇帝——尤利安努斯》（世界史小冊：人物8）（山川出版社，2015）

歷史的轉換期 01

帝國與世界史的誕生 前220年

帝国と世界史の誕生

Turning Points in World History

編　　者　南川高志
譯　　者　郭清華
發 行 人　王春申
選書顧問　林桶法、陳建守
總 編 輯　張曉蕊
特約編輯　蔡傳宜
責任編輯　洪偉傑
封面設計　萬勝安
內文排版　康學恩
業務組長　王建棠
行銷組長　張家舜
出版發行　臺灣商務印書館股份有限公司
23141 新北市新店區民權路 108-3 號 5 樓
（同門市地址）
電　　話　(02) 8667-3712
傳　　真　(02) 8667-3709
服務專線　0800-056193
郵　　撥　0000165-1
信　　箱　ecptw@cptw.com.tw
網路書店　www.cptw.com.tw
臉　　書　facebook.com.tw/ecptw
印　　刷　鴻霖印刷傳媒股份有限公司
定　　價　新台幣 430 元
2021 年 7 月　初版 1 刷
2022 年 12 月　初版 2.6 刷

臺灣商務印書館

局版北市業字第 993 號
法律顧問　何一芃律師事務所

國家圖書館出版品預行編目 (CIP) 資料

前 220 年：帝國與世界史的誕生／南川高志編；郭清華譯
——初版—— 新北市：臺灣商務印書館股份有限公司，2021.07
面；　公分（歷史的轉換期 1）
譯自：B. C. 220 年：帝国と世界史の誕生
ISBN　978-957-05-3329-3（平裝）
1. 文化史　2. 世界史

713　　110007022